Fator Previdenciário em 420 Perguntas e Respostas

2ª Edição

WLADIMIR NOVAES MARTINEZ

Advogado especialista em Direito Previdenciário

Fator Previdenciário em 420 Perguntas e Respostas

2ª Edição

EDITORA LTr®
SÃO PAULO

Dados Internacionais de Catalogação na Publicação (CIP)
(Câmara Brasileira do Livro, SP, Brasil)

Martinez, Wladimir Novaes, 1936 –
Fator previdenciário em 420 perguntas e respostas /
Wladimir Novaes Martinez. – 2. ed. – São Paulo : LTr, 2001.

ISBN 85-361-0139-3

1. Perguntas e respostas 2. Previdência social – Brasil
I. Título.

01-3490 CDU-34:368.4(81) (076.2)

Índices para catálogo sistemático:

1. Brasil : Previdência social : Perguntas e respostas: Direito previdenciário 34:368.4 (81) (076.2)
2. Brasil : Perguntas e respostas : Previdência social : Direito previdenciário 34:368.4 (81) (076.2)

Produção Gráfica: **LTr**
Editoração Eletrônica: **IMOS LASER**
Capa: **HERBERT MARCO CARDOSO**
Impressão: **BOOK RJ**

(Cód. 2446.0)

LTr
EDITORA LTDA.

Rua Apa, 165 — CEP 01201-904 — Fone (11) 3826-2788 — Fax (11) 3826-9180
São Paulo, SP — Brasil — www.ltr.com.br

2001

ÍNDICE

ABREVIATURAS

AAS — Atestado de Afastamento e Salários

CLT — Consolidação das Leis do Trabalho (Dec.-lei n. 5.452/43)

COFINS — Contribuição para o Financiamento da Seguridade Social

CRPS — Conselho de Recursos da Previdência Social

CTPS — Carteira de Trabalho e Previdência Social

DAF — Diretoria de Arrecadação e Fiscalização (do INSS)

DJU — Diário da Justiça da União

DRF — Departamento da Receita Federal

ESPCU — Estatuto do Servidor Público Civil da União (Lei n. 8.112/90)

FPAS — Fundo de Previdência e Assistência Social

GATT — *General Agreement on Tariffs and Trade* — Acordo Geral sobre Tarifas e Comércio

GFIP — Guia de Recolhimento do Fundo de Garantia do Tempo de Serviço e Informações à Previdência Social (Lei n. 9.528/97)

GRPS — Guia de Recolhimento da Previdência Social (Resolução INSS n. 657/98)

GRCI — Guia de Recolhimento de Contribuinte Individual

IBGE — Fundação Instituto Brasileiro de Geografia e Estatística

INSS — Instituto Nacional do Seguro Social

IR — Imposto de Renda

ISS — Imposto sobre Serviço

JR — Junta de Recursos (da Previdência Social)

LBPC — Lei Básica da Previdência Complementar (LC n. 109/01)

LICC — Lei de Introdução ao Código Civil (Dec.-lei n. 4.657/42)

MPAS — Ministério da Previdência e Assistência Social

MTPS — Ministério do Trabalho e Previdência Social

(NR) — Nova Redação (da lei)

NR — Norma Regulamentadora do trabalho

OIT — Organização Internacional do Trabalho

ONU — Organização das Nações Unidas

PBPS — Plano de Benefícios da Previdência Social (Lei n. 8.213/91)

PCSS — Plano de Custeio e Organização da Seguridade Social (Lei n. 8.212/91)

RGPS — Regime Geral de Previdência Social

RPS — Regulamento da Previdência Social (Dec. n. 3.048/99)

RSC — Relação de Salários-de-Contribuição (ex-AAS)

SELIC — Sistema Especial de Liquidação e de Custódia

STF — Supremo Tribunal Federal

APRESENTAÇÃO À 2ª EDIÇÃO

Revelando o enorme interesse pela matéria, rapidamente esgotou-se a primeira edição deste "Fator Previdenciário em 420 Perguntas e Respostas". Tal fato, muito provavelmente, deveu-se ao seu lado prático e útil, a modalidade de cartilha adotada, repassando sistematicamente todas as novidades e oferecendo ao leitor interessado uma visão completa da Lei n. 9.876/99.

Particularmente no tocante à implantação gradual, de modo geral o grande público não conseguiu alcançar o sentido da inovação introduzida, em virtude da complexidade da fórmula matemática que ela apresenta, o que nos levou a ampliar os exemplos, com, atualização até 2001 das tabelas e valores em vigor.

Introduzida administrativamente a metodologia de cálculo, o INSS vem oferecendo ao segurado, em virtude da linha de corte de 16/dez/1998 e da Emenda Constitucional n. 20/98, as opções que ele tem em face dos novos limites de idade e do acréscimo de tempo de serviço necessário para o preenchimento dos requisitos definidores do direito e direito adquirido.

Procuramos melhorar a redação para torná-la ainda mais simples e compreensível para todos os interessados, buscando explicar algo que por sua natureza é complexo mas não inatingível.

Wladimir Novaes Martinez

APRESENTAÇÃO À 1ª EDIÇÃO

Nem bem cessou a regulamentação ordinária da Emenda Constitucional n. 20/98 e o País foi surpreendido com uma inovação formidável na legislação previdenciária. A Lei n. 9.876, de 26 de novembro de 1999, com vigência a partir de 29 de novembro de 1999, introduziu relevante modificação no cálculo da aposentadoria por tempo de contribuição, ao mesmo tempo em que dispôs sobre o alargamento do período básico de cálculo de todas as prestações de pagamento continuado, e implantou o fator previdenciário, uma expressão aritmética complexa para o comum dos mortais, que revê estruturalmente o conceito matemático-financeiro do salário-de-benefício e, por via de conseqüência, a renda mensal inicial.

Repete-se a tentativa de combinar a idade com o tempo de serviço, como na Fórmula 95, divulgada em 1992, buscando-se certa correspectividade entre a contribuição e o benefício, obtida mediante três variáveis pessoais, parâmetros próprios do segurado, e três constantes, resultando num número decimal, menor ou maior do que 1 (um), aplicável à média dos 80 maiores salários-de-contribuição, corrigidos mensalmente, contidos no mencionado novo período básico de cálculo que se inicia em julho de 1994.

Pretendendo alcançar o grande público, pois a complexidade do fator previdenciário reclama esclarecimentos expostos de forma minuciosa e simples, tentando explicitá-lo através de uma cartilha com mais de 400 perguntas e respostas, que desenvolva os principais aspectos da lei e seus efeitos jurídicos e, mais particularmente, os práticos.

Regras gerais de custeio e benefícios não foram esquecidas pelo legislador ordinário. Como tem acontecido ultimamente, ele encetou outras inovações importantes ora esmiuçadas. Convindo fixar-se principalmente no recolhimento dos contribuintes individuais e facultativos, bastante alterado a partir de dezembro de 1999.

Wladimir Novaes Martinez

Primeira Parte

CUSTEIO

CAPÍTULO I

CLASSIFICAÇÃO DOS SEGURADOS

1. Como são classificados os segurados da Previdência Social?

Didaticamente, eles podem ser enquadrados conforme a natureza do critério adotado, podendo ser divididos em obrigatórios ou facultativos e em descontados ou não descontados.

2. Que são segurados obrigatórios?

São os admitidos no regime previdenciário por vontade da lei. São filiados compulsoriamente em razão do exercício de atividades, obrigando-se à contribuição.

3. Que são segurados facultativos?

Vem a ser aqueles que se filiam ao sistema protetivo em razão de sua deliberada volição; porque querem nele permanecer (caso daquele que cessou atividade ou do desempregado) ou porque desejam dele participar pela primeira vez.

4. Quem são os descontados?

Os descontados sofrem retenção em sua remuneração mensal (como o servidor sem regime próprio, empregado, temporário, avulso, doméstico, etc.). O responsável pelo recolhimento é a empresa ou o empregador doméstico, que promovem a retenção.

5. E os não descontados?

Os não descontados recolhem pessoalmente, através de guia personalizada, sendo também conhecidos como contribuintes individuais (empresário, autônomo, eventual, garimpeiro, eclesiástico, segurado especial, etc.) ou facultativos.

6. Como o PBPS os enquadrava?

Eram separados em oito grupos principais: empregado, doméstico, empresário, autônomo, equiparado a autônomo, avulso e segurado especial (art. 11) e facultativo (art. 13).

7. Destes, quais os empregados?

Em seu art. 11, o PBPS os elencava, por sua vez, em oito tipos: a) empregado propriamente dito; b) temporário; c) brasileiro ou estrangeiro no exterior; d) empregado de representação estrangeira; e) brasileiro civil em organismo internacional; f) brasileiro vinculado à empresa nacional no exterior; g) servidor público ocupante de cargo em comissão; e h) exercente de mandato eletivo federal, estadual ou municipal.

8. Quais os domésticos?

Apenas o empregado doméstico, ou seja, quem presta serviço à pessoa ou à família, no âmbito residencial destas (Lei n. 5.859/72). Extra-oficialmente, o faxineiro e o vigia de ruas vêm sendo classificados como autônomos.

9. Quais os empresários?

Principalmente, o titular de firma individual, diretor não empregado, diretor ou membro do conselho de administração de sociedade anônima, sócio solidário, sócio de indústria e sócio cotista. Podem ser urbanos ou rurais. E outros administradores, de diferentes organizações, quando remunerados.

10. A partir da Lei n. 9.876/99, qual o enquadramento do sócio cotista?

Diferentemente do texto original do PCSS, que mencionava o "sócio cotista que participe da gestão ou receba remuneração decorrente de seu trabalho em empresa urbana ou rural", a nova redação dada ao seu art. 12, V, *f*, refere-se ao "sócio-gerente e ao sócio cotista que recebam remuneração decorrente de seu trabalho em empresa urbana ou rural".

A menção da lei revogada ao sócio cotista dizia respeito aos componentes da sociedade por quotas de responsabilidade limitada, sem cuidar especificamente apenas do sócio-gerente (que também é cotista) ou do sócio simplesmente cotista. Deste último reclamava-se o *pro labore*, enquanto bastava ao sócio-gerente prestar serviços para ser segurado obrigatório. Para fins previdenciários, em rigor, à época, sócio apenas cotista com retirada *pro labore* transformava-se em sócio-gerente.

Com a Lei n. 9.876/99, a determinante da filiação obrigatória é a presença da remuneração, não importando se gerente ou cotista.

11. Qual a situação do síndico de condomínio?

O síndico de condomínio, quando não remunerado, não é segurado obrigatório. Caso seja dispensado do pagamento da sua cota de condômino, que é uma forma indireta de remuneração, torna-se sujeito à Previdência Social, classificado como contribuinte individual (subitem 1.1, I, *i*, da Instrução Normativa INSS/DC n. 4, de 30/nov/1999) e art. 12, V, *f*, do PCSS.

12. Quais os autônomos?

O autônomo propriamente dito (tradicional) e o eventual.

13. Quais os equiparados a autônomo?

Eram cinco tipos: a) produtor rural pessoa física; b) garimpeiro; c) eclesiástico; d) empregado de organismo internacional no Brasil; e e) brasileiro que presta serviços para organismo oficial estrangeiro.

14. Quais os avulsos?

Pessoas que trabalham para diversas empresas, descritas no RPS (normalmente portuários), onde arrolados, entre outros, o trabalhador de capatazia, estiva, conferente e consertador de carga, vigilantes de embarcações, do bloco, alvarenguelro, amarrador, ensacador, extrator de sal, carregador, prático de barra e porto, guindasteiro e classificador.

15. Quais os segurados especiais?

Produtor, parceiro, meeiro e arrendatário rurais, certo garimpeiro, pescador artesanal e o assemelhado em regime de economia familiar.

Para a Instrução Normativa INSS/DC n. 4/99: não "se considera segurado especial o membro do grupo familiar que possui outra fonte de rendimento decorrente do exercício de atividade remunerada, ou de arrendamento de imóvel rural ou de aposentadoria de qualquer regime, com exceção do dirigente sindical, que mantém o mesmo enquadramento perante o RGPS de antes da investidura no cargo" (subitem 1.6).

16. Desses trabalhadores, quais os segurados obrigatórios?

Empregado (incluído o temporário), doméstico, empresário, autônomo (também o eventual), equiparado a autônomo (produtor rural pessoa física, eclesiástico, garimpeiro, etc.), avulso e segurado especial (em relação à produção) e, em caráter excepcional, servidor sem regime próprio de Previdência Social são segurados obrigatórios.

17. Quais os segurados facultativos?

O facultativo propriamente dito (antigo contribuinte em dobro) e o segurado especial que, além da compulsoriedade pertinente à produção, pode filiar-se facultativamente e recolher contribuições.

18. Como a Lei n. 9.876/99 os ordenou?

A Lei n. 9.876/99, alterando o art. 12, V, do PCSS (e, também, o art. 11, V, do PBPS), revogando a alínea *d* desse inciso V, considerou como contribuintes individuais, os seguintes segurados obrigatórios:

a) produtor rural pessoa física;

b) garimpeiro;

c) eclesiástico;

d) *(revogada);*

e) brasileiro civil no exterior;

f) empresário urbano ou rural;

g) eventual;

h) autônomo.

19. O que sucedeu com o empregado de organismo oficial internacional?

Deixou de ser equiparado a autônomo e restou classificado como empregado (art. 12, I, *i*, do PCSS), não mais participando do inciso V, *d*.

20. O facultativo é um contribuinte individual?

A princípio sim; não é descontado; ele recolhe contribuições do próprio bolso e por meio da GPS, mas a lei o distinguiu com vistas às obrigações das empresas, e é tido apenas de fato, não de direito. Para efeitos legais não é contribuinte individual.

21. Que objetivo tem essa nova classificação?

A Lei n. 9.876/99 separou os segurados descontados dos não descontados ou contribuintes individuais porque atribuiu ônus fiscais às empresas que contratam tais prestadores de serviço.

Ela tenta evitar a elisão exacional em razão do fenômeno da terceirização da mão-de-obra, de sorte que o custo da contratação dos trabalhadores torne-se assemelhado pecuniária e fiscalmente.

22. Existem outros contribuintes individuais?

A Instrução Normativa INSS/DC n. 4/99 arrola ainda: o associado eleito para cargo de direção em cooperativa, associação ou entidade de qualquer natureza ou finalidade, bem como o síndico ou administrador eleito para exercer atividade de direção condominial, desde que recebam remuneração; o aposentado de qualquer regime previdenciário nomeado magistrado classista temporário da Justiça do Trabalho, na forma dos incisos II do § 1º do art. 111 ou III do art. 115 ou do parágrafo único do art. 116 da Constituição Federal, ou nomeado magistrado da Justiça Eleitoral, na forma dos incisos II do art. 119 ou III do § 1º do art. 120 da Constituição Federal; o bolsista da Fundação Habitacional do Exército contratado em conformidade com a Lei n. 6.855, de 18/nov/1980; o árbitro e seus auxiliares que atuem de conformidade com a Lei n. 9.615, de 24/mar/1998.

23. Como é feito o recolhimento desses contribuintes?

Depois da GRCI, mediante a Guia de Recolhimento da Previdência Social — GRPS.

CAPÍTULO II

SITUAÇÃO DO SERVIDOR PÚBLICO

24. Que é servidor público?

De modo bem geral, é quem subordinadamente dedica-se ao serviço público, observando regimes jurídico laboral e previdenciário específicos, com direitos e obrigações particularizados.

No âmbito federal, é o Estatuto do Servidor Público Civil da União — ESPCU (Lei n. 8.112/90). Cada Estado ou Município, e o Distrito Federal, tem seu estatuto próprio.

25. Quantos tipos de trabalhadores existem?

Grosso modo, servidor efetivo (também conhecido como estatutário), ocupante de cargo de confiança, exercente de cargo em comissão, empregado público (celetista), requisitado, contratado, etc.

Fundamentalmente, apenas dois: regido pelo Estatuto e pela CLT. São civis e militares.

Autônomos e titulares de firma individual também prestam serviços para o Estado. E, é claro, pessoas jurídicas (empresas).

26. E os regimes previdênciários desses obreiros públicos?

Abstraindo o regime do militar, são os do servidor federal (Lei n. 8.112/90), estadual, distrital e municipal.

27. E o dos parlamentares?

Subordinam-se a um regime próprio. Quando não têm, são filiados ao RGPS.

28. E os militares?

Outro sistema, com regras específicas.

29. A qual regime o servidor público se filia?

Depende se estatutário ou celetista e do regime único adotado pelo seu empregador ou dador de serviços. Os empregados das estatais, normalmente regidos pela CLT, são filiados ao RGPS (Lei n. 8.213/91).

30. Qual a diferença entre celetista e estatutário?

Celetista ou empregado público é o trabalhador subordinado à CLT (Dec.-lei n. 5.452/43). Estatutário é a designação que indica o servidor público efetivo, geralmente submetido a um estatuto (lei própria).

31. O cargo efetivo envolve-se com qual regime previdenciário?

Em cada esfera, o servidor público está filiado a regime próprio, da União, dos Estados, do Distrito Federal ou dos Municípios.

32. Qual o regime previdenciário do ocupante de cargo em comissão e do empregado público?

De acordo com o art. 40, § 13, da Constituição Federal de 1988, com a redação dada pela Emenda Constitucional n. 20/98, é o RGPS. Ele se filia, contribui e recebe benefícios do INSS.

33. O que mudou na lei?

Em vez de falar em servidor civil ou militar, a Lei n. 9.876/99 alterou a redação do PBPS e menciona o servidor civil ocupante de cargo efetivo ou militar. Com isso, o exercente de cargo em comissão, também servidor público, foi excluído do regime previdenciário dos diferentes entes políticos e incluído no RGPS.

34. E se, simultaneamente, o servidor filiado ao Tesouro Público exercer atividade abrangida pelo RGPS?

Nesse caso, e em relação a essa atividade, conforme o art. 12, § 1º, do PBPS, será segurado obrigatório do RGPS.

35. Requisitados, caso o servidor público civil ou militar não puderem filiar-se ao regime do órgão requisitante, qual será sua situação previdenciária?

De acordo com o § 2º do mencionado art. 12 do PBPS, eles manterão a filiação ao regime de origem.

36. Qual a filiação dos Ministros e Secretários de governo?

Com a redação da Lei n. 9.876/99, foi acrescido um § 6º ao art. 12 do PCSS, dizendo: "Aplica-se o disposto na alínea *g* do inciso I do *caput* ao ocupante de cargo de Ministro de Estado, de Secretário Estadual,

Distrital ou Municipal, sem vínculo efetivo com a União, Estados, Distrito Federal e Municípios, suas autarquias, ainda que em regime especial, e fundações".

Nas condições apontadas pela lei, tais agentes políticos são filiados ao RGPS, como se fossem empregados.

37. Qual o regime dos vereadores?

Se não estão filiados a um regime próprio da Câmara Municipal, pertencem ao RGPS?

CAPÍTULO III

Conceito de Empresa

38. Que é empresa?

Empresa é um empreendimento produtivo, visando lucro ou não, que congrega pessoas e/ou capitais para atingir determinado escopo, consoante a natureza de sua atividade, podendo ser a exploração rural, industrial, comercial, prestação de serviços ou a administração pública, considerada previdenciariamente segundo a presença ou não de trabalhadores a seu serviço.

39. Qual o conceito legal previdenciário?

O PCSS não descreve empresa; ele prefere elencar os esforços econômicos ou não, que a consubstanciam, como sendo "a firma individual ou sociedade que assume o risco de atividade econômica urbana ou rural, com fins lucrativos ou não, bem como os órgãos e entidades da administração pública direta, indireta ou fundacional" (art. 15, I).

40. O que mudou no conceito?

A Lei n. 9.876/99 alterou a redação do PCSS. O parágrafo único do art. 15 passou a ser: "Equipara-se a empresa, para os efeitos desta Lei, o contribuinte individual em relação a segurado que lhe presta serviço, bem como a cooperativa, a associação ou entidade de qualquer natureza ou finalidade, a missão diplomática e a repartição consular de carreira estrangeiras" (NR).

Como é visível, substituiu o "autônomo e equiparado" por "o contribuinte individual", em relação ao segurado prestador de serviços.

41. Qual o alcance da mudança?

Primeiro, pretendeu sistematizar a legislação, tendo em vista que havia entronizado o conceito de contribuinte individual. Segundo, enfatizar a assunção de responsabilidades fiscais por parte das empresas.

42. Empregador doméstico é empresa?

Para a legislação, as pessoas jurídicas ou físicas que propiciam serviços para o obreiro são apenas as empresas ou empregadores domésticos.

Os dois não se confundem; os últimos (pessoa física ou família) assinalam-se por não explorarem atividade econômica. O patrão é empregador doméstico, mas só em razão do prestador de serviços; não é empresa e, por isso, pessoalmente considerado, ele não é enquadrado como empresário.

Isso vale até mesmo quando admite faxineiras ou diaristas, ou paga vigilantes de ruas, segurados acolhidos pelo INSS como autônomos.

43. Autônomo é equiparado a empresa?

Sim, conforme o parágrafo único do art. 15 do PCSS. Nesse texto legal, entretanto, a expressão "contribuinte individual" deve ser restrita a certos segurados obrigatórios, pois dificilmente abrangerá o empresário, pessoalmente cogitado em face da empresa.

44. Autônomo que contrata autônomo tem de recolher alguma contribuição?

Quando um autônomo (exemplo: médico ou advogado) admite empregado, não perde sua anterior condição de autônomo; tão-somente torna-se empregador em relação ao trabalhador regido pela CLT, nesse caso posicionando-se como empresa.

Se esse mesmo autônomo contrata outro autônomo, não mais um empregado, sujeita-se a pagar os 20% patronais, devendo fornecer a declaração ou a GFIP ao profissional que lhe prestou serviços remunerados.

45. Fiscalmente, como fica o autônomo que trabalha exclusivamente para pessoas físicas?

Não terá a redução dos 45% da contribuição pessoal, arcando sozinho com os 20% do seu salário-de-contribuição. Praticamente, aportará com base em valor por ele declarado ao INSS.

46. E o que presta serviços, simultaneamente, para pessoas físicas e jurídicas?

Respeitado o limite, de R$ 1.430,00 (jul/2001), a remuneração auferida da pessoa jurídica será salário-de-contribuição; o restante dependerá da apuração dos ingressos (valor informado como rendimentos ao Imposto de Renda).

47. Empregador doméstico tem algum desses ônus?

Não. O sujeito passivo do ônus pecuniário previsto no art. 22, III, do PCSS, é a empresa, especificamente considerada, e não o empregador doméstico. Este só arca com a imposição patronal de pagar os 12% em relação à remuneração anotada na CTPS do doméstico.

48. Pessoa física que contrata autônomo tem alguma obrigação fiscal?

Nunca teve. Pessoa física não classificável como titular de firma individual ou autônomo está dispensada de qualquer contribuição (exceto, é claro, se for empregado).

É bom lembrar, entretanto, que para o art. 9º, § 15, IX, do RPS, é autônomo "a pessoa física que edifica obra de construção civil" (*sic*).

CAPÍTULO IV

ALÍQUOTAS DE CONTRIBUIÇÃO

49. O que se entende por alíquota de contribuição?

Alíquota de contribuição é expressão matemática, exteriorizada em percentuais, com nítido caráter exacional, isto é, fiscal, que se presta para o cálculo da contribuição previdenciária.

50. E por taxa de contribuição?

É o mesmo que alíquota. Trata-se de mero sinônimo.

51. Qual sua função?

Multiplicando-se a alíquota (ou taxa) pela base de cálculo da hipótese de incidência (fato gerador) obtém-se o valor da contribuição.

Por exemplo: 8% (alíquota) x R$ 180,00 (base de cálculo) = R$ 14,40 (contribuição).

Outro exemplo: 11% (alíquota) x R$ 1.430,00 (teto) = R$ 157,30 (maior contribuição possível do trabalhador).

Exemplo de obrigação fiscal de empresa: R$ 100.000,00 (remuneração) x 20% (taxa) = R$ 20.000,00 (contribuição).

52. Como eram as alíquotas no PCSS?

Inúmeras, dependendo de tratar-se de pessoa física ou jurídica. De modo geral, o empregado sofria descontos da ordem de 8%, 9% ou 11%, conforme a faixa salarial, até o limite do salário-de-contribuição.

Em razão da CPMF (Emenda Constitucional n. 21/99), a partir de 17/jun/1999, conforme a Portaria Interministerial n. 5.326/99, as taxas são as seguintes:

....	até R$	376,60	7,65%
De R$ 376,61	até R$	408,00	8,65%
De R$ 408,01	até R$	627,66	9,00%
De R$ 627,67	até R$	1.255,32	11,00%

As empresas recolhiam 20% da mesma hipótese de incidência, sem limite de valor e uma das taxas do seguro de acidente do trabalho, que variavam de 1% ou 2% ou 3% (art. 22, II, *a* a *c*, do PCSS).

Pagavam, ainda, 15% dos honorários dos autônomos que lhes prestassem serviço ou 20% da base de cálculo (classe da escala de salários-base) desses contribuintes individuais, *ex vi* da Lei Complementar n. 84/96.

Em certas circunstâncias específicas, quem contratasse os serviços de cessão de mão-de-obra era obrigado a descontar e recolher, em nome do contratado, 11% do valor da fatura ou nota fiscal (Lei n. 9.711/98).

53. Fundamentalmente, o que mudou com a Lei n. 9.876/99?

A Lei n. 9.876/99 revogou a Lei Complementar n. 84/96 (suscitando, por isso, celeuma entre os tributaristas) e determinou que a contribuição patronal relativa aos contribuintes individuais que lhe prestem serviços (principalmente o autônomo) seja de 20% do "total das remunerações pagas ou creditadas a qualquer título, no decorrer do mês" (art. 22, III, do PCSS).

54. A alíquota de 11% da Lei n. 9.711/98 sofreu alteração?

Não, manteve-se a mesma, a não ser em relação à contratação de mão-de-obra procedente de cooperativa de trabalho.

55. Qual a parte patronal das empresas?

Continua sendo de 20% da remuneração dos empregados, mais as taxas de 1%, ou 2% ou 3% do seguro de acidentes do trabalho, conforme o grau de risco (art. 201, I, do RPS).

56. E a relativa à aposentadoria especial?

Com a Lei n. 9.732/98, as empresas com trabalhadores expostos aos agentes nocivos insalubres determinantes da aposentadoria especial estão sujeitas a aportar um adicional do seguro de acidentes do trabalho.

57. Quais são esses adicionais?

De acordo com o art. 6º da Lei n. 9.732/98, os seguintes:

I — 1º de abril de 1999 — quatro, três ou dois por cento;

II — 1º de setembro de 1999 — oito, seis ou quatro por cento; e

III — 1º de março de 2000 — doze, nove ou seis por cento.

58. Que dever fiscal a empresa tem em relação ao empresário?

De recolher 20% de sua remuneração mensal, seja *pro labore*, seja honorários, sem limite de valor.

59. A obrigação em relação ao autônomo qual é?

De recolher 20% dos honorários pagos a ele por serviços prestados, sem limite de valor.

60. E das instituições financeiras?

"Os bancos comerciais, bancos de investimentos, bancos de desenvolvimento, caixas econômicas, sociedades de crédito, financiamento e investimento, sociedades de crédito imobiliário, sociedades corretoras, distribuidoras de títulos e valores mobiliários, empresas de arrendamento mercantil, cooperativas de crédito, empresas de seguros privados e de capitalização, agentes autônomos de seguros privados e de crédito e entidades de previdência privada abertas e fechadas", além das contribuições referidas nos arts. 22 e 23 do PCSS, devem "a contribuição adicional de dois vírgula cinco por cento sobre a base de cálculo definida nos incisos I e III deste artigo" (NR) (art. 22, § 1º, do PCSS).

61. Contribuições patronais superiores a R$ 1.430,00 são utilizadas no cálculo dos benefícios?

Não. São fontes de custeio socialmente consideradas, mas não se prestam para a aferição da renda mensal inicial do segurado.

62. Qual a alíquota do contribuinte individual?

A alíquota é de 20% da base de cálculo. Revogando os dois incisos do art. 21 do PCSS, a Lei n. 9.876/99 deu a seu *caput* a seguinte redação: "A alíquota de contribuição dos segurados contribuinte individual e facultativo será de vinte por cento sobre o respectivo salário-de-contribuição" (NR) (art. 199 do RPS).

63. Qual a do facultativo?

Igual à dos contribuintes individuais: de 20% da base de cálculo (art. 199 do RPS).

64. Quais são as alíquotas e contribuições a partir de 1º/jun/2001?

São as seguintes:

.... até R$ 429,00 .... 7,65%

De R$ 429,01 até R$ 540,00 .... 8,65%

De R$ 540,01 até R$ 715,00 .... 9,00%

De R$ 715,01 até R$ 1.430,00 .... 11,00%

CAPÍTULO V

OBRIGAÇÕES FISCAIS DAS COOPERATIVAS DE TRABALHO

65. Em relação aos seus cooperados, o que devem aportar as cooperativas?

Nada. As empresas que contratam as cooperativas têm de pagar 15% "sobre o valor bruto da nota fiscal ou fatura de prestação de serviços, relativamente a serviços que lhe[s] são prestados por cooperados por intermédio de cooperativas de trabalho" (NR) (art. 22, IV, do PCSS), mas elas nada devem ao INSS por distribuir valores aos seus cooperados.

66. Quando entregam valores aos seus cooperados, pelos serviços prestados aos tomadores de mão-de-obra, qual a obrigação das cooperativas de trabalho?

Nenhuma. Segundo o art. 201, § 19, do RPS, "a cooperativa de trabalho não está sujeita à contribuição de que trata o inciso II, em relação às importâncias por ela pagas, distribuídas ou creditadas aos respectivos cooperados, a título de remuneração ou retribuição pelos serviços que, por seu intermédio, tenham prestado a empresas" (NR).

Note-se que não se disse que as cooperativas "pagam" mas entregam importâncias aos cooperados porque eles não lhes prestam serviços nem são seus empregados.

67. E, em relação a autônomo ou a outros contribuintes individuais, não cooperados, contratados para lhes prestarem serviços?

Nessas condições, ausente o elo cooperativista com a entidade, esta última sujeita-se aos ônus fiscais das demais empresas. Igual valendo para os contribuintes individuais prestadores de serviços.

68. E as demais cooperativas, como as de crédito ou de produção?

Assumem as imposições normais das demais empresas, não se beneficiando dessa distinção.

69. *As cooperativas têm algum dever, se os seus diretores são remunerados?*

Diretores remunerados de cooperativas são segurados obrigatórios classificados como contribuintes individuais e, por conseguinte, geram os ônus patronais das demais empresas (art. 12, V, *f*, da Lei n. 8.212/91) e os pessoais (20% da remuneração).

70. *O tomador de mão-de-obra de cooperativa está sujeito aos 11% da Lei n. 9.711/98?*

Com a criação dos 15% devidos pelo receptor da mão-de-obra oferecida pelas cooperativas de trabalho, sem possibilidade de reter qualquer importância da nota fiscal ou fatura (Lei n. 9.711/98), desapareceu a solidariedade entre os dois contratantes e, destarte, o tomador não terá de reter os 11% da fatura.

No dizer do art. 224-A do RPS: "O disposto nesta Seção não se aplica à contratação de serviços por intermédio de cooperativa de trabalho" (NR).

71. *No valor da nota fiscal fornecida pela cooperativa de trabalho à tomadora da mão-de-obra está incluída a sua taxa de administração?*

Sim, por isso é que a alíquota é menor, de 15%.

72. *Em razão do total mensal faturado pela cooperativa para a tomadora de sua mão-de-obra, que engloba diferentes valores relativos aos inúmeros cooperados, como procederão esses contribuintes individuais em relação à redução dos 45%?*

Diz o art. 216, § 22, do RPS: "Aplicam-se as disposições dos §§ 20 e 21, no que couber, ao cooperado que prestar serviço a empresa por intermédio de cooperativa de trabalho, cabendo a esta fornecer-lhe o comprovante das respectivas remunerações".

Diante de número elevado de cooperados, caso das cooperativas de médicos, as entidades terão de promover rateio da contribuição de 15% (devida pelo tomador da mão-de-obra), fornecendo a cada autônomo cooperado uma declaração quanto ao valor proporcional aos serviços prestados no mês, autorizando-o, assim, a deduzir os 45% na contribuição pessoal.

Exemplo:

Valor do serviço prestado à tomadora .... R$ 800,00

Obrigação do contratante (15% de R$ 800,00) ...... R$ 120,00

Valor distribuído ao cooperado .... R$ 600,00

Participação da cooperativa .... R$ 200,00

Crédito do cooperado .... R$ 54,00

73. Quem lhes fornecerá a declaração ou a GFIP?

A GFIP pertence à tomadora, pessoa jurídica contratante, que pouca relação jurídica tem com o prestador de serviços. Quem entregará a declaração será a cooperativa de trabalho.

74. O que aconteceu com a cooperativa de crédito?

Na redação original do art. 22, § 1º, da Lei n. 8.212/91, as cooperativas de crédito compareciam elencadas ao lado das demais instituições financeiras. Entretanto, possivelmente com vistas ao princípio constitucional de estímulo ao cooperativismo, o art. 201, § 6º, do RPS as distinguia, diminuindo-lhes o encargo previdenciário em 2,5%.

O Decreto n. 3.265/99 preferiu seguir a lei e igualou-as às demais instituições financeiras e, *ipso facto*, sua obrigação é de 22,5% da base de cálculo.

75. Na nota fiscal emitida para a tomadora de mão-de-obra, se a cooperativa incluir o valor dos materiais, qual a base de cálculo da obrigação?

A incidência dos 15% é sobre a mão-de-obra. Constando discriminação das parcelas, o custo dos materiais será excluído do cálculo; caso contrário, não. Cuidando da disciplina da Lei n. 9.711/98, os §§ 7º e 8º do art. 219 do RPS fazem essa distinção.

76. Como o cooperado fará a comprovação?

Por meio das declarações ou da GPS.

77. Por que apenas 15%?

Usualmente, 75% da nota fiscal ou fatura de prestação de serviços é o valor pertencente ao cooperado (sua remuneração) e os 25% restantes são despesas de administração ou outros custos, de sorte que 15% = 20% de 75%.

CAPÍTULO VI

BASE DE CÁLCULO DA CONTRIBUIÇÃO

78. O que se entende por base de cálculo da contribuição?

Base de cálculo (ou medida do fato gerador) é a importância em moeda corrente nacional, atualmente expressa em reais (R$), que serve para a definição do valor da contribuição. O montante desta última é, aritmeticamente, o resultado da multiplicação da alíquota pela base de cálculo.

79. Qual era a base de cálculo dos contribuintes individuais?

Para todos os contribuintes individuais, segurados obrigatórios (empresário, autônomo, eventual, produtor rural pessoa física, garimpeiro, eclesiástico, etc.) ou facultativos (facultativo propriamente dito e segurado especial), consistia numa das 10 classes da escala de salários-base introduzida pela Lei n. 5.890/73 e modificada pelo art. 29 do PCSS, indo de R$ 136,00 (Classe I ou mínima) até R$ 1.255,32 (Classe X ou máxima).

Pela inexistência de vínculo com os rendimentos auferidos pelo trabalhador, reduzia-se a uma ficção fiscal instituída pelo legislador ordinário (agora revista).

80. Qual a nova base de cálculo?

Conforme o art. 28, III, do PCSS, com a redação dada pela Lei n. 9.876/99, passa a ser uma realidade: "a remuneração auferida em uma ou mais empresas ou pelo exercício de sua atividade por conta própria, durante o mês, observado o limite máximo a que se refere o § 5º" (NR).

81. Pessoalmente considerada, qual a do empresário?

Conforme a descrição anterior, o valor do *pro labore* recebido em contraprestação pelo exercício da administração da empresa. Às vezes, sob o título contábil de retirada, honorários e até de retribuição. Ultimamente, designada na lei como remuneração.

82. E a do autônomo?

A importância recebida pelos serviços prestados à empresa (PCSS, art. 22, III) ou aferida em razão do trabalho e declarada no Imposto de Renda.

83. E se o autônomo não trabalhar para nenhuma empresa?

Continuará sendo os seus rendimentos. Na falta de comprovação, matéria ainda a ser regulamentada pelo INSS, o valor que ele indicar no Imposto de Renda ou outro documento fiscal válido.

84. Qual era a base de cálculo do empregado, temporário ou avulso, em princípio, também valendo para o servidor sem regime próprio de Previdência Social?

O texto vigente até 29/fev/2000 (redação dada pela Lei n. 9.528/97) dizia ser "para o empregado e trabalhador avulso: a remuneração auferida em uma ou mais empresas, assim entendida a totalidade dos rendimentos pagos, devidos ou creditados a qualquer título, durante o mês, destinados a retribuir o trabalho, qualquer que seja a sua forma, inclusive as gorjetas, os ganhos habituais sob a forma de utilidades e os adiantamentos decorrentes de reajuste salarial, quer pelos serviços efetivamente prestados, quer pelo tempo à disposição do empregador ou tomador de serviços nos termos da lei ou do contrato ou, ainda, de convenção ou acordo coletivo de trabalho ou sentença normativa" (art. 28 do PCSS).

85. Qual passou a ser a base de cálculo desses segurados?

O novo art. 22 do PCSS dispõe: "I — vinte por cento sobre o total das remunerações pagas, devidas ou creditadas a qualquer título, durante o mês, aos segurados empregados e trabalhadores avulsos que lhe prestem serviço, destinadas a retribuir o trabalho, qualquer que seja a sua forma, inclusive as gorjetas, os ganhos habituais sob a forma de utilidades e os adiantamentos decorrentes de reajuste salarial, quer pelos serviços efetivamente prestados, quer pelo tempo à disposição do empregador ou tomador de serviços, nos termos da lei ou do contrato ou, ainda, de convenção ou acordo coletivo de trabalho ou sentença normativa" (NR).

86. O que mudou?

A novidade consiste em referir-se, abundantemente, ao "total das remunerações pagas", em vez de "remuneração auferida", e outras pequenas alterações semânticas.

87. *Qual a contribuição do empresário, caso a sua empresa está desobrigada de escrituração contábil?*

Será de 20% do salário-de-contribuição (art. 201, § 3º, do RPS).

88. *Qual a base de cálculo e contribuição do empresário se, em virtude de ser empregado, recebe salário igual ou superior ao máximo?*

Em determinação de discutível liceidade porque cria medida de fato gerador, que é prerrogativa própria da lei, o art. 201, § 3º, do RPS diz ser: o "valor equivalente à maior remuneração paga a empregado da empresa".

A nosso ver, só pode ser a importância declarada por ele, caso não esteja obrigado ao Imposto de Renda.

89. *E se não tiver empregados?*

Na ausência de livro contábil obrigatório, valerá a importância constante do Imposto de Renda e, se dispensado dessa providência, a declarada pelo segurado.

90. *Qual a classificação previdenciária do associado filiado à cooperativa de trabalho?*

Doutrinariamente, quando legítima a relação previdenciária, os membros das cooperativas de trabalho têm sido considerados autônomos. O ato cooperado previsto na Lei n. 5.764/71 é distinto da relação entre pessoas jurídicas ou vínculo empregatício. No dizer do parágrafo único do art. 442 da CLT (redação dada pela Lei n. 8.949, de 9/dez/1994), não subsiste relação de emprego entre a entidade e os cooperados "nem entre estes e os tomadores de serviço".

Abstraindo situações ilegítimas, quando não empregado e sim associado da entidade, *grosso modo*, o cooperado é dito como contribuinte individual (autônomo).

CAPÍTULO VII

VALOR DECLARADO

91. Qual a medida do fato gerador do facultativo?

Tanto quanto a dos contribuintes individuais, é o valor que se presta para o cálculo da obrigação, designado na lei como salário-de-contribuição.

92. Nesse caso, o que diz a Lei n. 9.876/99?

Preceitua o art. 28, IV, do PCSS: "o valor por ele declarado, observado o limite máximo a que se refere o § 5º".

93. O que significa valor declarado?

O contribuinte em dobro, figura de segurado que desapareceu em 1º/nov/1991 com o PCSS (art. 162 do Dec. n. 356/91) e antecedeu o atual facultativo, contribuía com base numa importância designada como "salário-declarado", à época, nos termos do art. 53 do Decreto n. 83.080/79, limitado ao salário mínimo e ao máximo da remuneração anterior do titular.

94. Qual é o valor declarado da Lei n. 9.876/99?

Desde que superior ao mínimo (R$ 180,00) e inferior ao máximo (R$ 1.430,00), qualquer importância escolhida pelo facultativo.

95. Ele escolhe a base de cálculo a seu bel-prazer?

Exatamente. Como a Lei n. 9.876/99, o Decreto n. 3.265/99 e a Instrução Normativa INSS/DC n. 4/99 silenciam a respeito, entende-se que o segurado, respeitados os dois limites antes aludidos, poderá estimar os 20% sobre o valor que desejar.

96. Pode mudá-la no mês seguinte?

Sim. A lei não faz restrição. A opção é do segurado. As conseqüências operar-se-ão no seu benefício futuro.

97. Não há regras sobre esse valor declarado?

Poucas. Ele depende exclusivamente da volição do contribuinte. Com o tempo e a evolução do novo instituto, o INSS o regulamentará melhor.

98. Como se manifesta essa declaração de vontade?

Mediante o recolhimento mensal da contribuição.

99. Pode arrepender-se?

O arrependimento só se efetivará até a data do vencimento (dia 15 do mês seguinte ao da competência). Embora o sistema permita a exteriorização da vontade, para não contornar o risco, em princípio, após o prazo de pagamento mensal, o segurado não poderia recolher diferenças, questão que será objeto de regulamentação ou, então, definida pelo Poder Judiciário.

100. E se facultativo até meados do mês e, depois, tornar-se contribuinte individual?

Embora a base de cálculo da contribuição de trabalhador seja a determinante, se inferior ao limite do salário-de-contribuição, naquele mês ele poderá recolher até o teto, combinando as duas condições.

101. Um empregado que recebe R$ 800,00 de remuneração, para melhorar o valor do seu benefício, pode contribuir como facultativo e pagar sobre R$ 630,00?

Não. Só pode ser facultativo quem não é segurado obrigatório.

CAPÍTULO VIII

ÔNUS FORMAIS DAS EMPRESAS

102. Que são ônus formais?

São deveres procedimentais, condutas exigidas pela lei ou comportamentos pessoais (obrigações de fazer).

103. De modo geral, onde estão disciplinadas essas obrigações formais?

Em três momentos, todos do PCSS: a) no art. 30; b) em parte do art. 31; e c) no art. 32.

104. Quais são as principais imposições?

De acordo com a nova redação dada ao art. 30 do PCSS, são as seguintes:

a) arrecadar as contribuições de empregados, temporários e avulsos (bem como as dos servidores públicos sem regime próprio ou ocupantes de cargos em comissão);

b) recolher mensalmente ao FPAS essas contribuições descontadas dos segurados;

c) reter a contribuição dos fornecedores de mão-de-obra, prevista na Lei n. 9.711/98, ou de produtores rurais, na condição de adquirente;

d) pagar as contribuições empresariais relativas à COFINS e Imposto de Renda;

e) cotizar a parte patronal das contribuições;

f) excluir-se, quando for o caso, da responsabilidade solidária;

g) preparar folhas de pagamentos;

h) contabilizar os valores pertinentes à Previdência Social;

i) prestar informações ao INSS e ao DRF;

j) informar o fato gerador ao INSS (Lei n. 9.528/97);

l) entregar a GFIP ou declaração ao contribuinte individual.

Embora não seja considerado empresa, o empregador doméstico é obrigado a descontar (7,65%, 8,65%, 9% ou 11%) e recolher a contribuição relativa ao doméstico, além da própria (12%).

105. O que mudou com a Lei n. 9.876/99?

A redação do art. 30, I, *b*, do PCSS passou a ser: "recolher o produto arrecadado na forma da alínea anterior, a contribuição a que se refere o inciso IV do art. 22, assim como as contribuições a seu cargo incidentes sobre as remunerações pagas, devidas ou creditadas, a qualquer título, aos segurados empregados, trabalhadores avulsos e contribuintes individuais" (NR).

A alteração deveu-se à nova classificação atribuída aos segurados obrigatórios (contribuintes individuais).

O Decreto n. 3.265/99 criou a obrigação de entregar a declaração ou a GFIP aos contribuintes individuais.

CAPÍTULO IX

DEVERES E DIREITOS DO CONTRIBUINTE INDIVIDUAL

106. Qual a primeira obrigação do contribuinte individual?

A de inscrever-se junto a um órgão local do INSS. Para a Instrução Normativa INSS/DC n. 4/99, inscrição é "o ato pelo qual o segurado é cadastrado no RGPS, mediante comprovação dos dados pessoais e de outros elementos necessários e úteis a sua caracterização, ou através do recolhimento da primeira contribuição efetuada através do número de identificação do trabalhador no PIS/PASEP" (subitem 3.1).

107. E quanto aos pagamentos?

Seu dever é aportar mensalmente a contribuição e guardar os comprovantes por toda sua vida profissional (mesmo a lei falando em apenas 10 anos). Em caráter excepcional, alguns deles estão autorizados a cotizar trimestralmente.

108. Basicamente, em que consiste o ônus financeiro?

Em desembolsar, todos os meses, 20% do seu salário-de-contribuição a favor do FPAS.

109. Existe uma décima terceira contribuição?

Não. Apenas as 12 correspondentes ao calendário.

110. Tal contribuição tem limites?

Até 2/abr/2000, a importância mínima era R$ 27,20, e a máxima, de R$ 251,06, vigeu até 30/jun/2000. A base de cálculo dessas contribuições extremas variavam de R$ 136,00 e R$ 1.255,32.

A partir de 3/abr/2000, com o salário mínimo elevado a R$ 151,00, a contribuição mínima passou a ser de R$ 12,08.

Desde 1º/abr/2001, o salário mínimo subiu para R$ 180,00. Em 1º/jun/2001, mantendo-se esse mesmo mínimo, o máximo ascendeu para R$ 1.430,00. Logo, a contribuição mínima é de R$ 36,00 e a máxima de R$ 286,00.

111. Ele tem obrigações formais?

Sim. Quando presta serviços para as empresas, o recibo de pagamento fornecido terá de explicitar a base de cálculo da contribuição.

112. A Lei n. 9.876/99 prevê alguma forma de redução do pagamento da contribuição pessoal?

Diz o art. 30, § 4º, do PCSS: "Na hipótese de o contribuinte individual prestar serviço a uma ou mais empresas, poderá deduzir, da sua contribuição mensal, quarenta e cinco por cento da contribuição da empresa, efetivamente recolhida ou declarada, incidente sobre a remuneração que esta lhe tenha pago ou creditado, limitada a dedução a nove por cento do respectivo salário-de-contribuição".

Quer dizer, conforme os exemplos que se seguem, sua obrigação mensal original é diminuída, reduzindo-se em até 45%.

113. Qual é o seu crédito?

Quando da prestação do serviço e da quitação dos honorários, o segurado ficará com um crédito de 45% da contribuição devida pela empresa, isto é, uma redução do valor original. Para fazer jus a essa diminuição da obrigação fiscal deverá exigir a declaração ou cópia da GFIP da empresa.

114. O que quer dizer efetivamente recolhida ou declarada?

É aquela quitada mediante pagamento na rede bancária ou declarada nos termos do inciso IV do art. 32 do PCSS (Lei n. 9.528/97).

A respeito, reza o § 21 do art. 216 do RPS: "Para efeito de dedução, considera-se contribuição declarada a informação prestada na Guia de Recolhimento do Fundo de Garantia do Tempo de Serviço e Informações à Previdência Social ou declaração fornecida pela empresa ao segurado, onde conste, além de sua identificação completa, inclusive número do Cadastro Nacional de Pessoas Jurídicas, o nome e o número de inscrição do contribuinte individual, o valor da retribuição paga e compromisso de que esse valor será incluído na citada Guia de Recolhimento do Fundo de Garantia do Tempo de Serviço e Informações à Previdência Social e efetuado o recolhimento da correspondente contribuição".

115. O que sucederá se o contribuinte individual não comprovar, por meio de documentos, que a empresa recolheu os 20% da contribuição patronal?

Restará inadimplente perante a Previdência Social, em relação aos 45%. De acordo com o subitem 13.4 da Instrução Normativa INSS/DC n. 4/99: "terá glosado o valor indevidamente deduzido, devendo complementar as contribuições com os devidos acréscimos legais, se houver".

116. E se a empresa não tiver pago sua contribuição ou não queira fornecer a declaração ou a GFIP?

Nesse caso, temporariamente, o contribuinte individual não fará jus à redução dos 45%.

Tendo em vista que a GFIP contém informações de interesse apenas do INSS e das empresas, então pode dar-se de ela preferir fornecer apenas a declaração individualizada.

117. As microempresas estão obrigadas a recolher os 20%?

A Lei n. 9.876/99 alterou o PCSS, que tem características de lei geral. Nessas condições, não poderia modificar a Lei n. 9.317/96, que criou vantagens fiscais para as microempresas. Assim sendo, a princípio, elas não estariam sujeitas a recolher os 20%. Entretanto (sem embargo de a lei falar em contribuição "efetivamente recolhida ou declarada"), a obrigação prevista na Lei Complementar n. 84/96 e, agora, esta da Lei n. 9.876/99, de alguma forma realizam-se com a substituição da base de cálculo e, por isso, o INSS entenderá cabível a redução dos 45%.

A empresa que substitui a parte patronal (*v.g.*, clubes de futebol ou microempresas) ou isentadas (*v.g.*, entidades de fins filantrópicos), quando contratam com cooperativas, estão dispensadas dos 15%.

118. Como ficam os contribuintes individuais que prestam serviços para empresas não obrigadas a contribuição usual?

Igual aos demais segurados. Terão a redução, pois o valor ingressou no FPAS por outros mecanismos de arrecadação.

119. O contribuinte individual fará jus à redução se a empresa para a qual trabalhou estiver dispensada da contribuição dos 20% em razão de uma sentença judicial?

Como o crédito é definido a partir da contribuição da empresa, e ela não existe, em rigor o segurado não faria jus aos 45%. A elisão da responsabilidade, por via de imunidade ou isenção, será objeto de considerações por parte do INSS, que, mediante ato normativo, para uniformizar os procedimentos, poderá acolher a redução dos 45%.

120. Inadimplente a empresa, quando da quitação dos honorários, não podendo o contribuinte individual beneficiar-se da redução dos 45%, quais as providências, se o devedor da obrigação, cobrado ou não pelo INSS, vier a quitar o seu débito?

Nessa circunstância, como o débito é vinculado ao mês de competência da execução do trabalho e o tempo passou, se não promoveu a redução *oportune tempore*, só restará ao contribuinte individual solicitar restituição de contribuições ao INSS.

121. Dê exemplo da contribuição referente a honorários inferiores ao limite do salário-de-contribuição:

Se o contribuinte individual recebeu R$ 1.000,00 por serviços prestados à empresa, em princípio, sua contribuição seria de 20% x R$ 1.000,00 = R$ 200,00. Mas, na verdade, com a reduçao de 45% x R$ 200,00 = R$ 90,00, só recolherá: R$ 200,00 - R$ 90,00 = R$ 110,00.

Note-se que, no exemplo, sua contribuição corresponderá a 11% da remuneração.

122. Qual a contribuição patronal dessa mesma empresa?

Será de 20% x R$ 1.000,00 = R$ 200,00.

123. Qual é o exemplo de honorários superiores ao limite do salário-de-contribuição?

Se o trabalhador recebeu R$ 10.000,00 (a contribuição da empresa, sem observância do teto, somará R$ 2.000,00), seu crédito seria de 45% x R$ 2.000,00 = R$ 900,00, porém limitado a 45% de R$ 286,00 (limite da contribuição a partir de 1º/jun/2001) = R$ 128,70.

Com isso ele terá de recolher apenas R$ 286,00 - R$ 128,70 = R$ 157,30.

124. Contando com essa virtual ajuda da empresa, qual a base de cálculo da contribuição?

Continuará sendo o valor dos honorários, respeitado o teto, mas não a contribuição, diminuída em razão dos 45%.

A GPS em uso em 2001, em retrocesso, não possui espaço para a declaração da base de cálculo, como acontecia com a GRCI, o que pode complicar a prova para fins de benefícios. Até o impresso ser substituído aconselha-se a preencher o campo 07 e escrever: "redução: - R$ ....", e no campo 08, anotar: "base de cálculo: R$....".

125. Qual a periodicidade dos pagamentos?

Os aportes do contribuinte individual são mensais. Isso se deve à tradição e à freqüência das obrigações de toda ordem e, principalmente, em razão de o benefício também ser mensal. Quando a base de cálculo é o salário mínimo, ele pode ser feito a cada três meses.

126. Quando se dá o início da obrigação?

A Lei n. 9.876/99 é de 26/nov/1999, publicada no Diário Oficial da União de 29/nov/1999, quando entrou em vigor. Para efeitos práticos, entretanto, as mudanças relativas ao financiamento acontecem a partir de 1º/mar/2000.

Questão pouco disciplinada na legislação e entregue à doutrina consiste em saber a partir de quando o contribuinte está sujeito à contribuição.

Para o empresário, a data constante do contrato social registrado nos órgãos públicos ou a do documento de abertura da firma individual caracteriza o início da atividade. Presente lançamento contábil ou outro registro que demonstre ter havido ato mercantil, isto é, de comércio, indústria ou de prestação de serviços, que justifique ou presuma atividade, essa data configurará o início da filiação.

No que se refere ao autônomo, na falta de outro documento, a data constante do lançamento do Imposto Sobre Serviços (ISS) determina esse início. Se o tributo é anual, o começo do trabalho deve ser fixado no primeiro dia do exercício. Caso tenha sido pago a partir de algum mês, seu primeiro dia é que se prestará para a definição desejada.

Em se tratando de eclesiástico, importa a ordenação, a assunção de votos ou o evento equivalente definido pela Igreja da qual faça parte o religioso, em cada caso firmando o começo da exigência fiscal.

No tocante ao eventual, vale a data do primeiro serviço prestado à empresa.

Relativamente ao eleito diretor de sociedades anônimas, a da assunção a esse cargo, geralmente fixada na Assembléia Geral em que o empregado foi eleito administrador.

127. Quando cessa a obrigação?

As cotizações do segurado terminam por vários motivos, entre os quais: a) morte do contribuinte; b) aposentadoria sem volta ao trabalho; c) benefício por incapacidade; d) ingresso em outro regime contributivo; e) compressão do salário-de-contribuição pela remuneração como empregado; e f) filiação indevida.

Diante da não-fracionalidade do aporte, se o fato determinante não ocorrer no último dia do mês, será preciso recolher a contribuição por inteiro. Seus herdeiros são sucessores para dívidas anteriores ao óbito. No caso de filiação indevida, cabe restituição.

128. De quem é a responsabilidade fiscal pelos pagamentos?

O único responsável pelas contribuições previdenciárias é a pessoa física. Há muito tempo e atualmente, embora mantenha controle interno sobre os valores mensais, o INSS não fiscaliza os contribuintes individuais, mas por ocasião de pedido de benefício sua situação será examinada.

129. A Lei Complementar n. 84/96 foi revogada pela Lei n. 9.876/99?

A doutrina discute se a Lei n. 9.876/99 revogou a Lei Complementar n. 84/96. Quando do exame da matéria, o STF entendeu no sentido de atribuir validade à Lei n. 9.876/99 (ADIn 2.110-9, de 16/mar/2000).

130. O que acontecerá se houver interregnos contributivos?

Por qualquer motivo, o contribuinte individual que ficar um ou mais meses sem prestar serviços, faltando-lhe a base para a filiação obrigatória, poderá continuar vertendo contribuições (e até adotando a mesma base de cálculo), nesse lapso de tempo assumindo a condição de facultativo.

Agirá bem o INSS, caso o dispense de qualquer comunicação escrita, bastando a exteriorização da vontade de continuar filiado através do aporte mensal.

131. E no caso de inadimplência do contribuinte?

Pessoalmente considerado, o contribuinte individual pode entrar em mora exacional, atrasar-se com os pagamentos mensais. Caso isso suceda, formalmente ou não poderá quitar a dívida mediante desembolsos mensais ou globais, arcando com os acréscimos legais como qualquer outro segurado.

132. Ele contribuirá em suas férias?

Se o contribuinte individual tirar férias e não trabalhar por um ou dois meses poderá contribuir como facultativo, inclusive mantendo o nível contributivo.

133. Qual o mês de competência quando de resultados pendentes?

Em algumas circunstâncias a remuneração convencionada com o trabalhador depende da presença de algum fato, uma condição resolutiva, não coincidindo a consumação do direito com o mês da realização da tarefa.

Dá-se exemplo com a comissão pendente dos viajantes empregados ou de representantes comerciais. Nesse caso, o fato gerador decanta-se após o pagamento da duplicata pelo comprador. Quando isso acontece nasce o direito à remuneração e, por conseguinte, fixa-se o mês de competência da obrigação fiscal previdenciária.

134. Quais os benefícios do segurado?

Na condição de segurado obrigatório, o contribuinte individual faz jus a todas as prestações compatíveis com o seu enquadramento de beneficiário da Previdência Social, para isso bastando fazer prova dos recolhimentos mensais (e dos demais pressupostos legais).

135. Autônomo que não trabalha para empresas tem o crédito?

Não. Nesse caso, ele desembolsará a totalidade da contribuição. Esse cenário não está fiscalmente muito bem definido nas normas. Em rigor, ele contribuirá com base nos seus ingressos, isto é, o valor informado ao Imposto de Renda. Se isento de declaração anual do IR, de fato, na prática, até o INSS recriar o antigo "salário-de-inscrição" (anterior à Lei n. 5.890/73), será efetivamente um "valor declarado", de escolha do contribuinte.

136. O empresário, pessoalmente considerado, tem redução fiscal?

Sim, a lei fala em contribuinte individual (art. 30, § 4º, do PCSS), sem fazer distinção.

137. O cooperado também usufrui dessa vantagem?

Exato. Reza o art. 30, § 5º, do PCSS: "Aplica-se o disposto no § 4º ao cooperado que prestar serviços a empresa por intermédio de cooperativa de trabalho".

138. Quais são os cálculos da redução em relação a cooperativas e cooperados?

Suponha-se o valor de R$ 500,00 como retribuição do serviço prestado pelo cooperado. A tomadora dessa mão-de-obra estará obrigada a recolher 15% do valor da nota fiscal, que englobará esses R$ 500,00. Ou seja: 15% x R$ 500,00 = R$ 75,00. Desses R$ 500,00, cerca de R$ 125,00 (25%) pertencem à cooperativa e R$ 375,00 (75%) ao cooperado.

O cooperado, então, a princípio recolheria: 20% x R$ 375,00 = R$ 75,00. Entretanto, desses R$ 75,00 deduzirá 9% x R$ 375,00 = R$ 33,75 e, dessa forma, pagará: R$ 75,00 - R$ 33,75 = R$ 41,25.

139. O facultativo está nas mesmas condições?

Não. Embora seja um verdadeiro contribuinte individual, terá de aportar do próprio bolso, sem qualquer ajuda.

140. E o eclesiástico?

Eclesiástico não é empresário nem autônomo, muito menos empregado da Igreja. Mantém um vínculo jurídico especial, canônico, que é amoroso (religioso). Pode até receber verba de representação, mas não remuneração ou honorários. Destarte, tal qual o facultativo, recolherá os 20% do próprio bolso. O que não impede, dada a natureza espiritual do elo laboral, que sua entidade mantenedora o ajude a pagar a contribuição mensal.

141. Por que foi escolhido 45%?

Porque, na maioria dos casos, o contribuinte acabará adotando uma alíquota de 11%, que é a taxa do empregado que ganha remuneração acima da metade do limite do salário-de-contribuição.

142. Contando com a ajuda virtual da empresa, qual a base de cálculo, alíquota e contribuição do contribuinte individual?

A base de cálculo é a remuneração auferida ou devida. Sua alíquota: 20%. A contribuição é resultante da multiplicação de uma pela outra (menos o valor correspondente aos 45%).

143. Ele recebe esses 45%?

Não. Trata-se de um crédito virtual, redução da sua obrigação, mero registro escritural na GPS.

144. Se a empresa, em vez de recolher mensalmente, parcelou seu débito com a Previdência Social?

Confessar a dívida fiscal e parcelar o débito é forma legal de quitá-lo em mensalidades convencionadas com a autarquia (art. 38 do PCSS). Para todos os efeitos será tido como pagamento, podendo o contribuinte individual beneficiar-se dos 45%.

145. Qual o prazo para a empresa entregar a declaração ou a GFIP ao contribuinte individual?

O art. 216, XII, do RPS, quando trata do assunto, não fixa prazo. Se um serviço foi prestado em 30/mar/2000 e aí pago, o recolhimento da contribuição correspondente deverá ocorrer no dia 2/abr/2000 e a GFIP entregue no dia 7/abr/2000.

Como o prazo para o seu recolhimento é até dia 15 de abril, o contribuinte individual terá tempo de fazê-lo de posse do documento. Se por acaso isso criar dificuldades, ele e a empresa deverão convencionar a entrega da declaração (que, para esse efeito, substitui a GFIP).

146. Qual o procedimento fiscal do segurado, se executados os serviços contratados, por qualquer motivo, ele não consegue receber os honorários correspondentes?

Embora o fato gerador da obrigação fiscal seja não só o pagamento mas também o crédito ou o direito declarado, se efetivamente não ocorreu a quitação dos serviços prestados (e, especialmente, inexistiu a contribuição patronal) e não foi entregue a GFIP, ele não deverá valer-se dos 45%, até que a pendência seja resolvida.

147. O contribuinte individual deve guardar a GFIP?

Sim, junto da sua guia de recolhimento (GPS). Em princípio, nada obstante a determinação legal de que está obrigado a arquivá-la por 10 anos, é de seu interesse preservá-la por todo o tempo.

148. Como procederá o contribuinte individual não inscrito?

Se ele não estiver inscrito, a empresa não deverá entregar-lhe a GFIP. Após a inscrição, recolhendo contribuições regulares, poderá beneficiar-se da redução.

149. Como agirá a empresa que contrata dezenas ou centenas de autônomos por mês?

Com o tempo, o INSS regulamentará a matéria. De qualquer modo, a GFIP ou declaração — que será preferível — terá de identificar o profissional individualmente (nome, CPF, número de inscrição, mês de competência, valor da contratação, etc.).

150. Terá de elaborar uma GFIP para cada autônomo?

Em princípio, sim. Mas, no caso de muitos trabalhadores, poderá emitir a mencionada declaração personalizada.

151. Como é o recolhimento do autorizado a fazê-lo trimestralmente?

O contribuinte individual e o facultativo cujas bases de cálculo sejam o salário mínimo podem recolher as contribuições a cada três meses. Enquadrando-se nas condições ora previstas de redução do valor da contribuição, terão de fazer os cálculos separados por mês para, depois, operar o recolhimento trimestral.

152. Quando entram em vigor essas obrigações?

Em março de 2000. Será o primeiro (mês de competência ou do fato gerador). Contribuição a ser aportada em abr/2000.

153. Qual o dever fiscal do contribuinte individual aposentado que volta ao trabalho?

Ao trabalharem de novo os segurados aposentados ficam sujeitos à contribuição previdenciária. Ainda que tais aportes não se destinem ao antigo pecúlio, extinto pela Lei n. 8.870/94, tanto os contribuintes individuais quanto as empresas devem observar o disposto na Lei n. 9.876/99.

154. Pode o contribuinte individual aposentado contar com os 45%?

Sim, da mesma forma que o trabalhador ativo, isto é, o não-aposentado.

155. O que devem fazer os empresários aposentados que recolhem com base no salário mínimo?

Terão de enquadrar-se nas regras transitórias que põem fim à escala de salário-base. Até nov/2000 poderão variar a contribuição entre R$ 51,00 e o valor da Classe III, então, a mínima.

156. Futuramente, para fins de benefícios, como o contribuinte individual comprovará a base de cálculo de sua contribuição?

Com os documentos fiscais de que dispuser, como a declaração do Imposto de Renda, o recibo da remuneração paga pela empresa e também exibindo a GPS.

157. E o facultativo?

Da mesma forma, com os documentos em sua posse, principalmente a GPS.

158. Quais as responsabilidades dos sujeitos passivos, se o contribuinte individual, simultaneamente empregado, nesta última condição, sofre desconto sobre o limite do salário-de-contribuição?

Em relação ao contribuinte individual nada mudou (art. 29, § 6º, do PCSS); ele não tem de pagar contribuições porque sua base de cálculo está zerada.

A empresa deverá aportar os 20% da remuneração que lhe pagar e, entretanto, não precisará fornecer a declaração ou a GFIP.

159. Qual a obrigação pertinente ao empresário em duas ou mais empresas?

Cada uma das empresas, individualmente, recolherá a contribuição, tomando por base de cálculo a remuneração paga aos empresários, não importando o número delas.

De igual maneira agirá o contribuinte individual, somando os valores recebidos. Até que o INSS regulamente o assunto, parece razoável que aproprie os 45% da primeira empresa que o remunerar (solicitando-lhe a GFIP), e, caso todas o paguem no mesmo dia, dividirá o valor proporcionalmente entre elas.

160. Qual a situação daquele duas vezes autônomo?

Somará as remunerações auferidas e considerará o total como se fosse uma única parcela, operando os cálculos a partir daí.

161. E do empresário e autônomo?

Da mesma forma como aquele que é duas vezes autônomo.

162. *Autônomo não inscrito pode exigir a declaração ou a GFIP?*

Não, pois desses documentos deverá constar o seu número de inscrição. Quando regularizar a situação pessoal poderá entender-se com o INSS; caso tenha feito pagamentos após a inscrição, sem deduzir os 45%, solicitará restituição do que pagou indevidamente.

163. *Como procederá o autônomo que presta serviços para várias empresas?*

Importará saber o valor total da remuneração até que sua adição atinja o limite do salário-de-contribuição e, então, obrigar-se-á a 20% do teto.

O crédito virtual dos 45%, em princípio, provirá de todas as empresas. Na prática, se a remuneração de uma delas for suficiente, exigirá a GFIP apenas desta empresa.

164. *Qual a base de cálculo da contribuição da empresa e do contribuinte individual, no caso de transportadores de passageiros, carreteiros e fretistas?*

Segundo a tradição da legislação previdenciária (art. 267 do RPS), os cálculos serão feitos tomando-se 11,71% do valor da nota fiscal ou fatura dos serviços prestados, adotado pelo MPAS, autorizado pelo art. 201, § 4º, do RPS.

165. *Qual a base de cálculo da contribuição relativa ao empresário sem* pro labore, *só com lucro distribuído contabilizado?*

Comprovado o trabalho desse empresário, a fiscalização do INSS arbitrará o *pro labore* no salário mínimo, mas essa aferição admite prova em contrário.

166. *Durante a fase de transição da extinção da escala de salários-base, o valor dos honorários é significativo para a definição da base de cálculo?*

Não. Somente a partir de dez/2003 é que ele apontará o valor da contribuição.

167. *Quem tem o* pro labore *menor do que a classe, quando terá de adotar essa retirada como base de cálculo?*

Em rigor, somente em dez/2003, devendo-se discutir, na ocasião, o direito adquirido à base de cálculo anterior.

168. Qual a situação do contribuinte individual que trabalhou sem obter remuneração?

Na condição de segurado obrigatório, deverá recolher pelo salário mínimo.

169. Qual o dever fiscal do contribuinte individual que não trabalhou nem obteve receita?

Não terá nenhuma obrigação fiscal. Poderá pagar nesse interregno como facultativo.

170. A partir de dez/2003 ou para quem ingressou na Previdência Social como contribuinte individual desde 29/nov/1999, o valor da remuneração é base de cálculo obrigatória?

Sim, não haverá alternativa, a não ser, quando possível, a diminuição da remuneração.

171. Quem já foi filiado à Previdência Social e antes da Lei n. 9.876/99 a deixou retornando sua filiação, é como se tivesse ingressado pela primeira vez?

Sim, será esquecido o regime anterior, especialmente se houve perda da qualidade de segurado.

172. A redução virtual dos 45% tem alguma coisa que ver com o **pro labore?**

Durante a fase de transição, nenhuma relação.

173. Durante a transição o contribuinte individual pode progredir ou regredir?

Essa é matéria obscura e não disciplinada. Até dez/2003 prevalece a eficácia da Lei n. 8.212/91, isto é, nos casos em que couber e nas condições legais, existentes as classes, são possíveis a regressão e a progressão, convindo sempre lembrar que a classe mínima cada vez mais, com o passar do tempo, terá seu valor elevado.

174. Qual a situação do contribuinte que se filia tardiamente?

Procederá normalmente, pagando com os acréscimos legais.

175. E a situação do empresário cujo **pro labore** ***é maior que a classe?***

Até dez/2003 isso não será importante.

CAPÍTULO X

DISPOSIÇÕES TRANSITÓRIAS

176. Qual era o regime contributivo do salário-base?

O regime de financiamento dos contribuintes individuais e facultativos consistia numa ficção fiscal criada pela Lei n. 5.890/73. Noutras palavras, uma tabela de 10 classes, sem qualquer vínculo com a retribuição (art. 29 do PCSS).

177. Até que data valeram as regras dessas classes?

Até o dia 28/nov/1999, véspera da publicação da Lei n. 9.876/99 no DOU (art. 4º).

178. O que acontecerá com as classes do salário-base?

Gradualmente, a partir de dez/1999, elas irão desaparecendo e, finalmente, com os interstícios extintos em dez/2003, não mais existirá a escala de salários-base criada em 1973 (art. 4º, § 1º, da Lei n. 9.876/99).

179. Como se operará essa extinção gradual?

O número mínimo de meses de permanência numa das classes, denominado tecnicamente de interstício, será abandonado a cada grupo de 12 meses, conforme segue:

De dez/1999 até nov/2000, sem as classes I/II.

De dez/2000 até nov/2001, sem as classes I/IV.

De dez/2001 até nov/2002, sem as classes I/V.

De dez/2002 até nov/2003, sem as classes I/VII.

De dez/2003 em diante, sem as classes I/IX.

180. O que sucederá quando desaparecerem todos os vários interstícios?

São dois comandos a considerar: a) regra de transição; b) regra permanente.

Diz o art. 4º, § 2º, da Lei n. 9.876/99: "Havendo a extinção de uma determinada classe em face do disposto no § 1º, a classe subseqüente será considerada como classe inicial, cujo salário-base variará entre o valor correspondente ao da classe extinta e o da nova classe inicial". Praticamente igual se colhe no art. 278-A, § 2º, do RPS.

Depois de dez/2003, a base de cálculo será a remuneração do trabalhador.

181. A partir de dez/1999, quem estava nas classes I ou II, como recolherá?

Poderá optar por qualquer valor contido entre R$ 136,00 (Classe I) e R$ 376,60 (Classe III).

182. Como recolherá quem estiver nas Classes III ou IV, a partir de dez/2000?

Poderá optar por qualquer valor contido entre R$ 136,00 (Classe I) e o correspondente ao da Classe V da época, e assim por diante.

183. Significa que os segurados (que antes tinham de cumprir os interstícios) poderão subir rapidamente na escala de salários-base?

Sim. Não há mais a preocupação do legislador de o segurado progredir paulatinamente, porque o benefício será aferido com base num período básico de cálculo alargado progressivamente.

184. Então, muitos enquadramentos equivocados, extemporâneos ou mal operados, serão naturalmente corrigidos?

Exatamente. Mudou por inteiro a filosofia da base de cálculo da contribuição dos contribuintes individuais e dos facultativos. Quem estiver numa classe baixa poderá ascender e, querendo, em razão da remuneração (importância praticamente de sua escolha), poderá reduzir a contribuição.

185. Deixarão de existir os interstícios?

Em dez/2003 nenhum deles restará (art. 4º, § 2º, da Lei n. 9.876/99).

186. Nessa fase de transição, os segurados terão mais liberdade que dali para frente?

Sim. Porque não estarão obrigados à remuneração auferida, que os limitará a partir de dez/2003.

187. Cada vez que desaparecer um interstício, qual será a classe mínima?

Serão as seguintes:

Em dez/1999 — III.

Em dez/2000 — V.

Em dez/2001 — VI.

Em dez/2002 — VIII.

Em dez/2003 — extinção da escala.

188. Quando o salário-de-contribuição será "a remuneração auferida em uma ou mais empresas ou pelo exercício de sua atividade por conta própria, durante o mês, observados os limites a que se referem os §§ 3º e 5º" (art. 214, III, do RPS)?

A partir de dez/2003 (art. 278-A, § 3º, do RPS).

189. Enquanto existentes os interstícios e correspondentes classes, o segurado neles enquadrado poderá progredir?

Pelo menos até nov/2003, o segurado que, por força do seu enquadramento, estiver incluído numa das classes ainda existentes, cumpridos os interstícios da lei revogada, poderá progredir ou regredir, conforme as regras do art. 29 do PCSS.

190. E o segurado em atraso com as contribuições?

Respeitando comandos anteriores, de acordo com o subitem 17.1, *d*, da Instrução Normativa INSS/DC n. 4/99, não poderá regredir nem progredir na escala de salários-base.

191. Como serão cobradas as contribuições em atraso?

Durante "a transitoriedade os débitos apurados segundo legislação de regência devem ser recolhidos na mesma classe referente ao mês imediatamente anterior ao da interrupção, mesmo que a classe já tenha sido extinta" (letra *e* do subitem 17.1 da Instrução Normativa INSS/DC n. 4/99).

192. Valerão os recolhimentos para fins de interstícios?

No dizer da Instrução Normativa INSS/DC n. 4/99, "a partir da competência 12/1999 só serão computadas as contribuições efetivamente recolhidas na classe em que o segurado ingressou" (subitem 17.1, *f*).

193. Qual o prazo de transição da tabela de salários-base?

De acordo com a Lei n. 9.876/99, é de cinco anos, mas o Decreto n. 3.265/99 reduziu a quatro anos, o que poderá ser discutido em juízo. Criou obrigação antecipada (incidência sobre a remuneração).

194. O que sucede se a remuneração do contribuinte individual é superior a sua classe do salário-base?

Enquanto subsistir uma das classes, por exemplo, a VIII ou a IX, ou seja, até 30/nov/2003, segundo o Decreto n. 3.265/99, a remuneração não será decisiva para a fixação da base de cálculo, prevalecendo o art. 4º da Lei n. 9.876/99. A contar daí o segurado contribuirá obrigatoriamente com base na sua remuneração.

195. Inversamente, e se a classe é superior à remuneração?

Nem a lei nem o decreto regraram o assunto. Agirá bem o INSS se mantiver o direito à base de cálculo existente, constituída legalmente no sistema anterior, numa espécie de direito adquirido à contribuição (ou respeito ao ato jurídico perfeito).

CAPÍTULO XI

MULTA AUTOMÁTICA

196. Que é multa automática?

Quando a pessoa física ou a empresa recolherem contribuições atrasadas, portanto, fiscalmente inadimplentes com a Previdência Social, arcarão com um acréscimo pecuniário devido à mora (desestimulador do atraso), conforme diferentes situações e índices aplicáveis ao débito consolidado. Adição envolvida percentualmente ao valor principal.

197. Que é multa fiscal?

Diferente da automática, esta outra sanção não guarda qualquer relação com o débito e ocorre quando o sujeito passivo da obrigação deixa de cumprir alguma determinação legal procedimental. Não atende um dever acessório, de fazer. Geralmente, ela tem o valor predeterminado (art. 92 do PCSS).

198. Quais são esses valores?

A Ordem de Serviço INSS/DAF n. 214/99, em seu item 12, menciona as importâncias atualizadas, mínimas e máximas, de R$ 636,17 a R$ 63.617,35.

199. Quais eram os percentuais da multa automática?

Menores e variavam de 4% a 10%, na primeira hipótese (pagamento após o vencimento da obrigação); de 12% a 25% (pagamento de créditos incluídos em Notificação Fiscal), e de 30% a 50% (no caso de dívida inscrita).

200. O que mudou com a Lei n. 9.876/99?

Os percentuais dos diferentes cenários foram alterados: a) pagamento, após o vencimento de obrigação não incluída em Notificação Fiscal; b) recolhimento de débito incluído em Notificação Fiscal; c) quitação de dívida ativa inscrita; d) cumprimento de débito parcelado.

201. Qual o percentual no caso de pagamento de débito não incluído em Notificação Fiscal?

a) 8%, dentro do mês de vencimento da obrigação;

b) 14%, no mês seguinte;

c) 20%, a partir do segundo mês seguinte ao do vencimento da obrigação.

202. E o percentual para pagamento incluído em Notificação Fiscal?

a) 24%, em até 15 dias do recebimento da Notificação Fiscal;

b) 30%, após o décimo quinto dia do recebimento da Notificação Fiscal;

c) 40%, após apresentação de recurso, desde que antecedido de defesa, ambos tempestivos, até 15 dias da ciência da decisão do CRPS;

d) 50%, após o décimo quinto dia da ciência da decisão do CRPS, enquanto o débito não estiver inscrito em Dívida Ativa.

203. Na hipótese de pagamento de dívida inscrita, qual o percentual?

a) 60%, caso não tenha sido objeto de parcelamento;

b) 70%, se houve parcelamento;

c) 80%, após o ajuizamento da execução fiscal, mesmo que o devedor ainda não tenha sido citado, se o crédito não foi objeto de parcelamento.

204. E no caso do doméstico?

A Lei n. 9.876/99 acresceu um § 4º ao art. 35 do PCSS, dizendo que "Na hipótese de as contribuições terem sido declaradas no documento a que se refere o inciso IV do art. 32, ou quando se tratar de empregador doméstico ou de empresa ou segurado dispensados de apresentar o citado documento, a multa de mora a que se refere o *caput* e seus incisos será reduzida em cinqüenta por cento".

205. Qual a multa do contribuinte individual que comprova tempo de serviço?

De acordo com o art. 45, § 4º, do PCSS, para períodos anteriores a abr/1995 é de 10% do valor principal.

CAPÍTULO XII

Comprovação do Recolhimento

206. *Como são pagos os atrasados de contribuintes individuais?*

Certos contribuintes individuais (empresário, autônomo, eventual, garimpeiro, eclesiástico, etc.), quando inadimplentes em relação a competências anteriores a abr/1995, podem quitar seus débitos nas condições especiais regidas no art. 45 do PCSS.

207. *Antes da Lei n. 9.876/99, o que dizia o art. 45 do PCSS?*

O *caput* e os dois incisos do art. 45 cuidavam e cuidam ainda, pois não foram modificados, da decadência do crédito previdenciário.

O § 1º rezava: "No caso de segurado empresário ou autônomo e equiparados, o direito de a Seguridade Social apurar e constituir seus créditos, para fins de comprovação do exercício de atividade, para obtenção de benefícios, extingue-se em 30 (trinta) anos" (redação da Lei n. 9.032/95).

208. *Qual foi a alteração procedida?*

O novo texto passou a ser: "Para comprovar o exercício de atividade remunerada, com vistas à concessão de benefícios, será exigido do contribuinte individual, *a qualquer tempo*, o recolhimento das correspondentes contribuições" (NR) (grifos nossos).

209. *O que significa isso?*

Estranhamente, o longuíssimo período decadencial de 30 anos, por si só censurável, ficou sem termo. Quer dizer, o INSS, a qualquer tempo, sem prazo de decadência, se o segurado solicitar o benefício, poderá exigir as cotizações do contribuinte individual.

210. *Como eram os juros moratórios?*

Relativamente aos juros de mora, dizia o § 4º do art. 45 do PCSS, na redação dada pela Lei n. 9.528/97: "Sobre os valores apurados na forma dos §§ 2º e 3º incidirão juros moratórios de um por cento ao mês e multa de dez por cento".

211. Como ficou?

O novo texto reza: "Sobre os valores apurados na forma dos §§ 2º e 3º incidirão juros moratórios de zero vírgula cinco por cento ao mês, capitalizados anualmente, e multa de dez por cento".

O legislador complicou. Antes, exigia juros simples de 1% ao mês e, assim, quem estava atrasado uma competência há 10 meses pagava 10% sobre o valor principal.

Agora, quer 0,5% capitalizados, o que lembra juros compostos, o percentual de um mês sobre o anterior e, mais, capitalizados anualmente, o que complicará os cálculos. Juros mensais de 0,5% somarão 6,17% e não 6,0%.

Se alguém deve de out/1993 a mar/1995, terá de somar os juros capitalizados de 0,5% mensais até mar/1995. A partir de abr/1995 aplicam-se as disposições das empresas em geral.

212. O que mais mudou?

A Lei n. 9.876/99 acresceu um § 6º ao art. 45, dizendo: "O disposto no § 4º não se aplica aos casos de contribuições em atraso a partir da competência abr/1995, obedecendo-se, a partir de então, às disposições aplicadas às empresas em geral".

Quer dizer, juros de mora equivalentes à taxa referencial do Sistema Especial de Liquidação e de Custódia — SELIC (Lei n. 9.065/95), nos termos do art. 34, e multa variável, conforme o art. 35 do PCSS.

CAPÍTULO XIII

TRATADOS INTERNACIONAIS

213. Que são tratados internacionais?

São ajustes bilaterais celebrados entre dois países, um dos quais o Brasil, cuidando especificamente de Previdência Social, e que regulam as relações jurídicas entre as Nações, em matéria de direitos em via de aquisição ou adquiridos, quando o trabalhador deixa um território e passa a trabalhar em outro.

214. O Brasil firmou muitos tratados internacionais?

Nosso país tem ajustes binacionais, uns mais e outros menos formalizados, com Luxemburgo, Portugal, Espanha, Itália, Ilha de Cabo Verde, Uruguai, Paraguai, Argentina e Chile.

215. Como são formulados esses documentos?

Verdadeiros contratos ou convênios entre países, são assinados solenemente e transformados em lei, no caso do Brasil, por meio de decreto legislativo (norma constitucional originária do Poder Legislativo), regulamentado por decreto do Poder Executivo.

216. Os tratados são fontes formais?

Reproduz-se o art. 5º, § 2º, da Carta Magna de 1988: "Os direitos e garantias expressos nesta Constituição não excluem outros decorrentes do regime e dos princípios por ela adotados, ou dos tratados internacionais em que a República Federativa do Brasil seja parte".

217. Quem pode elaborá-los?

O Congresso Nacional tem competência exclusiva para o assunto (art. 49, I, da Lei Maior).

218. E celebrá-los?

Só o Presidente da República pode "celebrar tratados, convenções e atos internacionais, sujeitos a referendo do Congresso Nacional" (art. 84, VIII, da Lei Maior).

219. Que são convenções internacionais?

São documentos emitidos e aprovados por assembléias de organismos oficiais internacionais, dos quais o Brasil faça parte, do tipo ONU, OIT, GATT, etc., e que precisam ou não, conforme o caso, serem ratificados por normas internas.

220. Que são acordos internacionais?

Trata-se de outra designação dos tratados internacionais.

221. O que mudou com a Lei n. 9.876/99?

Pela primeira vez a legislação básica tratou deles, dizendo: "Os tratados, convenções e outros acordos internacionais de que Estado estrangeiro ou organismo internacional e o Brasil sejam partes, e que versem sobre matéria previdenciária, serão interpretados como lei especial" (art. 85-A do PCSS).

222. O que significa isso?

Primeiro, que o dispositivo é exegético, o que faz da Lei n. 9.876/99, sob esse aspecto, uma lei interpretativa. Segundo, fixa a natureza da norma, dizendo que os tratados têm de ser considerados como lei especial e não como lei geral.

Segunda Parte

PRESTAÇÕES

CAPÍTULO XIV

PERÍODO DE CARÊNCIA

223. Que é período de carência?

É um número mínimo de contribuições mensais necessárias para a fruição dos benefícios. Em alguns casos particulares, tempo de permanência na órbita rural.

224. Existe definição legal de período de carência?

O art. 24 do PBPS diz ser "o número mínimo de contribuições mensais indispensáveis para que o beneficiário faça jus ao benefício, consideradas a partir do transcurso do primeiro dia dos meses de suas competências".

225. Que é mês de competência?

Mês de competência é o da realização da base da filiação (trabalho remunerado) ou do corta referência, para o facultativo. Normalmente, o anterior ao mês do pagamento.

226. Quais eram os períodos de carência?

As prestações do RGPS eram (e são) divididas em dois grupos: com e sem carência.

Quando reclamada, de 12 contribuições mensais, para o auxílio-doença e aposentadoria por invalidez. Alguns desses benefícios por incapacidade, os acidentários, dispensam carência.

A aposentadoria por idade, especial e por tempo de contribuição impõem 180 contribuições mensais.

A pensão por morte comum, o auxílio-reclusão e as prestações por acidente do trabalho (auxílio-acidente, auxílio-doença, aposentadoria por invalidez e pensão por morte) não tinham e continuam sem período de carência. Da mesma forma, os diferentes pecúlios (praticamente em extinção) e o abono anual; o salário-família e, em certos casos, o salário-maternidade.

227. Em relação a quem se filiou antes do PBPS (24/jul/1991) e depois deixou o RGPS e a ele retornou; a quem estava contribuindo nessa data; ou veio a se filiar posteriormente, quais os períodos de carência?

Respondendo em termos de aposentadoria por tempo de contribuição, por idade e especial que, de regra, exige 180 mensalidades, as três hipóteses resolvem-se assim:

a) se já contribuiu terá de somar 180 contribuições, exigindo-se, posteriormente a 25/jul/1991, um mínimo de 60 delas. Exemplo: pagou de 1970 a 1982, num total de 13 anos; terá de recolher mais 12 meses (ainda que esteja completando 18 anos);

b) quem fora filiado antes e permaneceu depois de 1991, obedece à escala transitória do art. 142 do PBPS, obrigando-se a 1/3 do período de carência exigido após aquela data;

c) quem se filiou pela primeira vez após 24/jul/1991 terá de recolher 180 contribuições.

228. O salário-maternidade exige carência?

Somente para a segurada especial, obrigada a comprovar "o exercício de atividade rural, ainda que de forma descontínua, nos 12 (doze) meses imediatamente anteriores ao do início do benefício" (Lei n. 8.861/94).

229. No que a Lei n. 9.876/99 inovou?

Em primeiro lugar, foram eliminadas as referências ao salário-maternidade (que passou a exigir carência, em certos casos) e aos pecúlios (em razão de seu desaparecimento, com a Lei n. 8.870/94, e de serem poucos os casos).

Em segundo lugar, sobreveio modificação do critério da medição de carência, e excluiu-se o empresário da imposição de serem aferidas "a contar da data do efetivo pagamento da primeira contribuição sem atraso".

230. O salário-maternidade passou a ter carência?

Sim. São solicitadas 10 contribuições de certas seguradas que, até então, não desfrutavam desse benefício (art. 25, II, do PBPS): a) das contribuintes individuais e b) das facultativas.

231. Como essas grávidas comprovam o número mínimo de contribuições?

Mediante a guia de recolhimento (GPS).

232. Como variou o período de carência para as diferentes categorias:

A Instrução Normativa INSS/DC n. 4/99 fornece tabela explicativa, resumida da seguinte maneira:

PERÍODOS	CATEGORIAS	CÔMPUTO DA CARÊNCIA
Até 10/6/73	Empregado Empresário Avulso	Data da filiação
Até 10/6/73	Autônomo	Data da primeira competência recolhida
De 11/6/73 a 24/7/91	Empregado Avulso Empresário Doméstico	Data da filiação na então Previdência Social urbana
De 11/6/73 a 24/7/91	Empregado rural	Data do recolhimento da primeira contribuição sem atraso
De 11/6/73 a 23/1/84	Autônomo Equiparado a autônomo	Data da efetivação da inscrição
De 11/6/73 a 24/7/91	Autônomo Equiparado a autônomo	Data do recolhimento da primeira contribuição sem atraso
A partir de 25/7/91	Autônomo Equiparado a autônomo Doméstico Empresário Facultativo	Data do recolhimento da primeira contribuição sem atraso

233. Qual salário-maternidade não tem carência?

No dizer do art. 26, VI, do PBPS, o "salário-maternidade para as seguradas empregada, trabalhadora avulsa e empregada doméstica".

CAPÍTULO XV

SALÁRIO-DE-BENEFÍCIO

234. Que é salário-de-benefício?

Usualmente, é uma média aritmética simples das bases da contribuição contidas em certo período básico de cálculo, *quantum* que se presta para a aferição da renda mensal inicial da prestação de pagamento continuado.

235. Todas as prestações partem desse conceito?

Não. Somente as de pagamento continuado dependem de cálculo.

O salário-maternidade relaciona-se com a remuneração da segurada gestante; o salário-família é um montante prefixado e, da mesma forma, o abono anual pré-definido.

236. Como era no PBPS?

Até ser alterado pela Lei n. 9.876/99, no mais comum dos casos, de regra o salário-de-benefício consistia numa média aritmética simples dos últimos 36 salários-de-contribuição corrigidos monetariamente, mês a mês, tomando-se as mensalidades anteriores ao afastamento da atividade ou à data de entrada do requerimento.

Diante de falhas de contribuições no período, esses 36 meses podiam ser buscados em 48 meses.

Ainda assim, se o segurado não reunisse 24 contribuições, o total dos salários-de-contribuição corrigidos era dividido por 24 (raciocínio válido para aposentadoria por tempo de serviço, aposentadoria especial e aposentadoria por idade).

237. Depois da Lei n. 9.876/99, para o detentor do direito adquirido, como ele será calculado?

Tem direito adquirido quem preencheu todos os requisitos legais (*v.g.*, qualidade de segurado, carência e evento determinante) até 28/nov/1999.

Nesse caso, a renda mensal inicial será estimada consoante o PBPS, sem alargamento do período básico de cálculo e tampouco utilização do fator previdenciário. Observadas a Lei n. 8.213/91 e a Emenda Constitucional n. 20/98.

238. Como é o novo salário-de-benefício?

O salário-de-benefício, a partir da Lei n. 9.876/99, sofre a influência de dois elementos determinantes: a) alargamento do período básico de cálculo e b) emprego do fator previdenciário.

Após as operações matemáticas que substanciam as alterações, a seguir desenvolvidas, com posterior utilização dos percentuais próprios de cada benefício, a importância obtida servirá para a apuração da renda mensal inicial.

239. Há um novo período básico de cálculo?

Sim, é abandonado o período básico de cálculo de 36 salários-de-contribuição, substituído por um lapso de tempo maior, ampliado cada vez mais com o decurso do tempo.

240. Qual será o primeiro mês?

O primeiro mês, em todos os casos (se nele o segurado foi filiado e teve contribuições), será jul/1994. A partir daí, todo o período contributivo.

241. O último mês, qual será?

Aquele mês imediatamente anterior ao desligamento do trabalho ou à data de entrada do requerimento.

242. São considerados todos os salários-de-contribuição do período contributivo?

Não, necessariamente, devendo corresponder, no mínimo, em 80%, considerados os de maior valor.

243. Quem fará essa escolha dos 80 maiores?

O segurado interessado informará todos os salários-de-contribuição e o INSS os selecionará.

244. E se o segurado, entre jul/1994 e a véspera do mês do requerimento, tiver falhas contributivas?

A respeito diz o art. 3º, § 2º, da Lei n. 9.876/99: "No caso das aposentadorias de que tratam as alíneas *b*, *c* e *d* do inciso I do art. 18, o divisor considerado no cálculo da média a que se refere o *caput* e o § 1º não poderá ser inferior a sessenta por cento do período decorrido da competência julho de 1994 até a data de início do benefício, limitado a cem por cento de todo o período contributivo".

245. O que quer dizer isso?

O § 1º do art. 29 do PBPS, na sua redação original, previa figura assemelhada, válida para o segurado que não tivesse contribuições em todo o período básico de cálculo: "No caso de aposentadoria por tempo de serviço, especial ou por idade, contando o segurado com menos de 24 (vinte e quatro) contribuições no período máximo citado, o salário-de-benefício corresponderá a 1/24 (um vinte e quatro avos) da soma dos salários-de-contribuição apurados".

A regra é praticamente a mesma; apenas o divisor restou complicado pelo fato de que deve ser aferido em razão de um período básico de cálculo que não é estático (crescerá uma mensalidade a cada mês). O divisor será, no mínimo, o equivalente a 60% do período decorrido da competência jul/1994 até a data do início do benefício.

246. Quais são exemplos do caso mais comum (a regra) e o das diferentes situações?

Suponha-se, nas cinco situações abaixo, que o período contributivo apurado seja de jul/1994 a jun/2004, portanto, um total de 120 meses (ou 10 anos).

a) Caso o segurado tenha pago durante todos os 10 anos, será tomada a soma dos salários-de-contribuição dos 80% x 120 = 96 meses do período e dividida por 96.

b) Se, porém, no mesmo espaço de tempo (os mesmos 10 anos), tenha recolhido por apenas 100 meses, será obtida a soma dos salários-de-contribuição dos 80% x 100 = 80 meses do período e dividida por 80.

c) Na hipótese de que, em igual lapso de tempo (sempre 10 anos), ele haja aportado somente por 90 meses, será usada a soma dos salários-de-contribuição dos 80% x 90 = 72 meses do período, dividida por 72.

d) Nas mesmas condições (ainda 10 anos), se ele cotizou por 80 meses, será colhida a soma dos salários-de-contribuição dos 80% x 80

= 64 meses do período, a qual, agora, terá de ser dividida por 72, que é 60% de 120 meses.

e) Finalmente, num caso extremo, se só tiver 60 meses, todos os salários-de-contribuição serão corrigidos. O resultado da soma dos 60 salários-de-contribuição será dividido por 72, pois o denominador não pode ser menor que 60% do total de meses do período contributivo.

247. Qual o objetivo do legislador?

Pretende o elaborador da norma tentar fazer subsistir uma correlação entre a contribuição e o valor do benefício, embora esse desiderato possa não ser inteiramente alcançado. No curso do tempo variaram as alíquotas, e a média leva em conta não a contribuição, e sim sua base de cálculo. Em 2000, com o IGP-DI maior que os outros índices, o objetivo tornou-se mais distante.

De qualquer forma, essa intenção é reforçada com o fator previdenciário (que sopesa também a idade e, por conseguinte, a esperança média de vida).

248. Tal solução constitui o chamado regime de capitalização?

Não. Trata-se de um passo nesse sentido, entretanto, ele não é ainda atingido, mas lembra um pouco o plano de contribuição definida.

249. Qual o período básico de cálculo para quem estava filiado até 28/nov/1999?

A Lei n. 9.876/99, em seu art. 3º, fala em "média aritmética simples dos maiores salários-de-contribuição, correspondentes a, no mínimo, oitenta por cento de todo o período contributivo decorrido desde a competência julho de 1994".

Quer dizer, de todo o tempo de contribuição que compõe o período básico de cálculo, após a correção monetária dos salários-de-contribuição, são pinçados os maiores valores, correspondentes a no mínimo 80% do período.

Em dez/1999 eram 66 meses, e foram utilizados 66 x 80 = 52,8, isto é, 53 salários-de-contribuição. Em dez/2000 foram 78 x 80 = 62,4, ou seja, 62 salários-de-contribuição. No silêncio da norma o arredondamento matemático deve ser para cima, quando ultrapassar 0,4. Em dez/2001, serão 90 x 80 = 72.

250. Qual o período básico de cálculo para o filiado a partir de 29/nov/1999?

No art. 29 do PBPS, com a alteração promovida pela Lei n. 9.876/99, a redação é um pouquinho diferente, aludindo à "média aritmética simples dos maiores salários-de-contribuição correspondentes a oitenta por cento de todo o período contributivo".

251. Para quais benefícios ele vale?

O período básico de cálculo criado pela Lei n. 9.876/99 será utilizado para todos os benefícios aferidos, comuns ou acidentários (aposentadoria por idade, especial, por tempo de contribuição, auxílio-doença, aposentadoria por invalidez e auxílio-acidente).

252. Não se aplica para quais prestações?

Não será válido (como não era no sistema anterior) para o salário-família ou o abono anual, prestações de valor arbitrado previamente, nem para o salário-maternidade (na maioria dos casos, como se verá adiante, consistente na remuneração mensal da mulher).

253. Os salários-de-contribuição são corrigidos?

Correção monetária é operação que tem pouco que ver com a substância da importância resultante. Trata-se de simples atualização do valor nominal, que, após a restauração, passa a ser real.

Por esse motivo, todos os salários-de-contribuição do período básico de cálculo (por exigência constitucional) são corrigidos; depois, escolhidos os 80 maiores.

254. O que quer dizer soma dos salários-de-contribuição?

Tanto quanto na legislação anterior, em virtude de o salário-de-benefício ser resultante de média aritmética simples, é imprescindível totalizarem-se todos os salários-de-contribuição do período básico de cálculo para, em seguida, dividir-se pelo número de meses considerados e obter-se a aludida média.

255. Que é média da soma?

Média da soma, expressão matemática, é o resultado da primeira parte do cálculo do salário-de-benefício. A segunda, resultará da adoção do fator previdenciário.

256. Qual o valor mínimo?

A importância encontrada não poderá ser menor do que R$ 180,00.

257. Existe importância máxima?

Da mesma forma, o valor final não poderá ultrapassar R$ 1.430,00.

258. E se ultrapassar o limite máximo?

Não poderá ultrapassar esse teto. Vale lembrar, o art. 29, I, do PBPS diz: "média aritmética simples dos maiores salários-de-contribuição correspondentes a oitenta por cento de todo o período contributivo, multiplicada pelo fator previdenciário".

Primeiro, será preciso encontrar a média, depois multiplicar pelo fator previdenciário para, somente então, ser observado o limite de R$ 1.430,00.

259. Em que momento será utilizado o fator previdenciário?

O fator previdenciário, adiante explicitado, será usado em relação à média aritmética simples dos 80 maiores salários-de-contribuição do segurado.

260. Qual a fase da adoção dos percentuais da aposentadoria proporcional por tempo de contribuição?

Com o fator previdenciário, finalmente, obter-se-á o valor do salário-de-benefício. Então, é chegado o momento de operar-se o percentual próprio de cada prestação.

Na aposentadoria por tempo de contribuição, 70% para mulheres com 25 anos de serviço e homens com 30 anos de serviço, mais 5% a cada ano, nos termos da Emenda Constitucional n. 20/98. Na aposentadoria por idade, 70% + 1% por ano de contribuição.

261. A aposentadoria por invalidez, a aposentadoria especial, o auxílio-doença e o auxílio-acidente tiveram os seus períodos básicos de cálculo alterados?

Sim, ainda que não submetidos ao fator previdenciário.

262. O salário-de-benefício do segurado especial é diferente?

Em se tratando da aposentadoria por idade e da aposentadoria por tempo de serviço, consistirá em "um treze avos da média aritmética simples dos maiores valores sobre os quais incidiu a sua contribuição anual, correspondentes a oitenta por cento de todo o período contributivo, multiplicada pelo fator previdenciário" (art. 29, § 6º, I, do PBPS).

Para a aposentadoria por invalidez, aposentadoria especial, auxílio-doença e auxílio-acidente, "um treze avos da média aritmética simples dos maiores valores sobre os quais incidiu a sua contribuição anual, correspondentes a oitenta por cento de todo o período contributivo" (art. 29, § 6º, II, do PBPS), portanto, sem o fator previdenciário.

263. Por que 1/13 avos?

Para haver previsão de custeio para as 12 mensalidades do ano e o abono anual.

264. Os requerentes de benefício terão de apresentar uma nova Relação de Salários-de-Contribuição?

Exatamente. A partir de 29/nov/1999, os titulares instruirão o pedido com uma Relação de Salários-de-Contribuição — RSC, compreendendo o período de jul/1994 até a Data do Afastamento do Trabalho — DAT, véspera da Data de Entrada do Requerimento — DER, Data da Publicação da Emenda Constitucional n. 20/98 — DPE ou Data da Publicação da Lei n. 9.876/99 — DPL (termos usados pelo subitem 5.5 da Instrução Normativa INSS/DC n. 4/99).

265. Quais as fontes formais do salário-de-benefício?

Fundamentalmente, a nova redação do art. 29 do PBPS e os arts. 3º, 5º e 7º da Lei n. 9.876/99. Será útil consultar as alterações promovidas no RPS pelo Decreto n. 3.265/99 e a Instrução Normativa INSS/DC n. 4/99.

CAPÍTULO XVI

FATOR PREVIDENCIÁRIO

266. Que é fator previdenciário?

É um número decimal, em cada caso, menor ou maior do que 1 (um). Por exemplo: 0,4720 (homem com 30 anos de contribuição e 44 anos de idade) ou 2,938 (homem como 56 anos de contribuição e 70 anos de idade). Pelo visto, dois casos extremos.

267. Por que foi adotado esse título?

Porque afeta a definição do salário-de-benefício. Será utilizado multiplicado pela média dos salários-de-contribuição contidos no período básico de cálculo, resultando no novo salário-de-benefício.

268. Qual o objetivo do fator?

Fundamentalmente, tentar estabelecer correspectividade entre a contribuição e o benefício. Também, visa combater distorções do modelo anterior e aproximar-se do regime financeiro da capitalização.

269. O que ele expressa?

Um conjunto de dados do segurado, abaixo explicitados, ligados à sua vida pessoal, profissional e previdenciária, deduzidos numa fórmula matemática.

270. Qual é a fórmula matemática?

É exteriorizada como:

$$F = \frac{(TC \times 0{,}31)}{ES} \times 1 + \left\{\frac{ID + (TC \times 0{,}31)}{100}\right\}$$

271. Quantas variáveis tem?

São três variáveis, números pessoais de cada segurado:

a) ID — idade.

b) TC — tempo de contribuição.

c) ES — expectativa de sobrevida.

272. O que se entende por idade do segurado?

Os anos completos quando da aposentação; não desprezando meses e dias. Em princípio, quem possuir, por exemplo, 54 anos, 7 meses e 10 dias, o número correspondente será 54,6029.

273. E tempo de contribuição?

Os seus anos de pagamento das mensalidades. Período durante o qual pessoalmente verteu ou deveria ter vertido contribuições para a Previdência Social ou por parte da empresa à qual pertenceu.

274. Como o empregado, temporário, avulso ou servidor sem regime próprio evidenciam esse tempo de contribuição?

Esses segurados descontados beneficiam-se da presunção do desconto e do recolhimento da exação (art. 33, § 5º, do PCSS). Basta exibir a CTPS devidamente anotada.

275. O que significa isso?

Que só terá de provar o tempo de serviço (então entendido como de contribuição).

276. Como o contribuinte individual e o facultativo demonstram esse tempo de contribuição?

Pelos documentos habituais e, agora, com ênfase para a GPS.

277. O doméstico confirma o tempo de contribuição de que forma?

Mediante a apresentação da CTPS e da GPS.

278. Tempo de contribuição ou tempo de serviço?

A partir da Emenda Constitucional n. 20/98, tempo de contribuição. Não haverá mais tempo de serviço. Sob esse aspecto a questão não está pacificada na doutrina. Para alguns, somente após a regulamentação, por via de lei complementar, um critério substituirá o outro, não sendo suficiente a normatização administrativa (Portarias MPAS ns. 4.882/98, 4.883/98 e 4.992/99 e Ordem de Serviço INSS/DSS n. 619/98).

279. Qual a diferença entre tempo de contribuição e tempo de serviço?

Tempo de serviço (ao qual nem sempre corresponde o trabalho remunerado), que deveria ser intitulado "tempo de filiação", abriga o tempo de contribuição, o sem contribuição, o em gozo de benefício por incapacidade, o do serviço militar e o próprio tempo de serviço (trabalho), bem como os períodos fictícios (por exemplo: 40% da conversão na aposentadoria especial, acréscimo do embarcado, em dobro, de licença-prêmio, etc.).

Tempo de contribuição é aquele que gerou a obrigação fiscal de recolher contribuições.

280. Tempo especial de atividade insalubre é considerado?

Quando o tempo de serviço exercido com exposição aos agentes nocivos insalubres constantes do Anexo VI do RPS, durante 25 anos, em caráter habitual e permanente e não ocasional nem intermitente, informado com caráter conclusivo através de laudo técnico e DSS 8030 e convertido para o comum, determina a concessão da aposentadoria por tempo de contribuição.

281. Que é expectativa de sobrevida?

O tempo que os atuários, demógrafos ou estatísticos pressupõem que o segurado estimadamente viverá após a aposentação. É obtido de tábuas biométricas, conforme o Decreto n. 3.266/99, que dita: "Para efeito do disposto no § 7º do art. 29 da Lei n. 8.213, de 24 de julho de 1991, com a redação dada pela Lei n. 9. 876, de 26 de novembro de 1999, a expectativa de sobrevida do segurado na idade da aposentadoria será obtida a partir da tábua completa de mortalidade para o total da população brasileira, construída pela Fundação Instituto Brasileiro de Geografia e Estatística — IBGE, considerando-se a média nacional única para ambos os sexos" (art. 1º).

282. Por quanto tempo será adotada a primeira tábua de mortalidade?

Por um ano. Diz o art. 2º do mesmo Decreto n. 3.266/99: "Compete ao IBGE publicar, anualmente, no primeiro dia útil de dezembro, no Diário Oficial da União, a tábua completa de mortalidade para o total da população brasileira referente ao ano anterior. *Parágrafo único.* Até quinze dias após a publicação deste Decreto, o IBGE deverá publicar a tábua completa de mortalidade referente ao ano de 1998".

A Resolução FIBGE n. 1, de 30/nov/1999, em seu anexo, publicou a Tábua Completa de Mortalidade — ambos os sexos — 1998 (*in* DOU de 1º/dez/1999).

283. Efetivamente, quantas constantes a fórmula do fator previdenciário tem?

Abstraindo o número 1 (um) e o número 100 (cem), que dela fazem parte, somente uma: 0,31.

284. Por que foi escolhido 0,31?

Grosso modo, simples convenção matemática. A justificativa, para se atingir tal resultado, é que seria a soma da contribuição patronal (20%) + (11%) alíquota máxima do empregado = 0,31%.

Na verdade, a contribuição patronal varia bastante e os 11% não refletem a taxa média dos segurados. Sem falar que o legislador se esqueceu das três taxas do seguro de acidentes do trabalho e, de modo geral, a alíquota não expressa a contribuição.

285. Significa um limite mínimo de idade disfarçado?

A opinião dos doutrinadores varia, pois a idade faz parte da fórmula, sem ser decisiva, e, de qualquer forma, aparentemente, esse objetivo não seria alcançado. Com receio do desemprego, muitos trabalhadores que tiverem tempo de contribuição mínimo (aposentadoria proporcional) ou suficiente solicitarão o benefício. O STF entendeu não ser.

286. Em quais benefícios o fator será utilizado?

Em princípio, para a aposentadoria por tempo de contribuição, e, em casos excepcionais, na aposentadoria por idade.

287. Não será usado em quais prestações?

Nos demais casos de prestações calculadas (auxílio-doença, aposentadoria por invalidez, comuns ou acidentários, e na aposentadoria especial, pensão por morte, auxílio-reclusão e auxílio-acidente).

E, é claro, nos tarifados, como o salário-maternidade, salário-família e abono anual.

288. Existem conseqüências para os aposentandos?

Por comparação com o sistema anterior, de modo geral, a aplicação do fator reduzirá a renda mensal inicial, obrigando o segurado a se aposentar com idade avançada ou mais tempo de contribuição.

289. E para os pensionistas?

Se o segurado falecer após ter-se aposentado durante a vigência e a aplicação da Lei n. 9.876/99, a pensão por morte será apurada com base no benefício e, então, os efeitos serão os mesmos, isto é, de 100% da aposentadoria já enquadrada no fator, portanto, maior ou menor, conforme o caso.

Igual conclusão vale para o auxílio-reclusão.

290. Que resultados a Previdência Social pretende obter?

Tecnicamente, o MPAS pensa numa correlação mais justa entre a contribuição e a prestação que a do sistema anterior (benefício previamente definido), não desconhecendo que muitas pessoas pedirão a aposentadoria proporcional com valores menores. Seu escopo principal é tentar diminuir o déficit do RGPS.

291. Afetará a previdência complementar?

Sem dúvida, porque adiará o momento de o participante requerer a complementação do benefício básico, efeito diminuído com o Decreto n. 3.721/2001, que impôs limites próprios para essas prestações da previdência fechada.

292. Que é déficit?

Em certo momento, é a diferença entre as obrigações assumidas para atender os aposentados e pensionistas e os recursos disponíveis para cobri-las.

293. Pessoalmente, quem ganha com o fator?

De modo bastante geral, quem tiver contribuído por 40 ou mais anos ou estiver com bastante idade. Para esse fim, tempo elevado de contribuição com idade média ou, por outro lado, idade avançada com tempo de contribuição médio se equivalem.

Numa palavra, o trabalhador que deixar para se aposentar bem mais tarde do que habitualmente o faria.

De forma simples: quem contribuiu por tempo suficiente "acumulou montantes" e pode usufruir de uma mensalidade relativamente alta; por outro lado, quem tem idade avançada viverá menos e, destarte, tem condições de obter um valor igualmente alto.

294. Então, há uma conta personalizada onde acumulado os valores?

Não, mas é como se fosse. Na verdade, a fórmula reflete esse estado de coisas.

295. Do ponto de vista da remuneração média, quem é favorecido?

Os segurados que ganham, *grosso modo*, aproximadamente entre R$ 400,00 e R$ 1.000,00.

296. Por que isso?

Nesses casos, se o fator for superior a 1 (um), o resultado ficará abaixo dos R$ 1.430,00, tornando-se factível.

297. Quem perde com o fator?

Em primeiro lugar, os segurados que solicitarem aposentadoria proporcional. Principalmente quem se aposentar precocemente, com pouco tempo de contribuição ou baixa idade.

298. Em função da remuneração média, quem é prejudicado?

Sempre em termos gerais, os que ganham abaixo de R$ 400,00 e acima de R$ 1.000,00 (valores escolhidos aleatoriamente).

299. Por que abaixo de R$ 1.430,00?

Os segurados com essa remuneração média geralmente não possuem qualificação profissional; em muitos casos trabalharam na informalidade e não dispõem de tempo de contribuição comprovado na CTPS. Com parâmetros mais elevados, estando abaixo do limite de R$ 1.430,00, poderiam ter mensalidades maiores.

300. Por que acima de R$ 1.000,00?

Segurados nesse patamar freqüentemente têm o tempo de contribuição comprovado, mas deixarão de ganhar, ao se aposentarem tardiamente, porque o teto limitará o acréscimo, de modo a não superar os R$ 1.430,00.

301. Quem perde mais: o homem ou a mulher?

Mesmo com o bônus de cinco anos, a mulher perde mais do que o homem. Para que isso não acontecesse teria de haver uma adução para a sua idade. Mulher com 25 anos de serviço, ainda que com *plus* de cinco, geralmente tem idade menor.

302. O fator é de utilização nacional?

Sim, não faz distinção entre Estados e Municípios, vale para todo o Brasil.

303. É igual para homens e mulheres?

À exceção do bônus para a mulher (5 anos), a professora (20 anos) e o professor (5 anos), é o mesmo para ambos os sexos.

304. Quais são os seus destinatários?

Os segurados do RGPS, isto é, os trabalhadores da iniciativa privada.

305. Os servidores públicos estão excluídos?

A Lei n. 9.876/99 não se destina aos servidores públicos federais, estaduais, distrital ou municipais. Nem para os parlamentares ou militares.

306. Ex-servidores públicos posteriormente filiados ao RGPS serão atingidos?

Por via da contagem recíproca de tempo de serviço (arts. 94 a 99 do PBPS), se a aposentadoria ocorrer junto ao INSS, eles se submeterão ao fator.

307. E, ao contrário, se antes forem celetistas e se aposentarem como servidores?

Não. Nesse caso, submeter-se-ão às regras próprias do regime do servidor.

308. Servidor aposentado, também filiado ao RGPS, ao obter o segundo benefício, será afetado pelo fator?

Sim, *in casu*, terá tido como trabalhador da iniciativa privada.

309. Inclui o ocupante de cargo em comissão?

Sim. O ocupante de cargo em comissão é segurado do RGPS.

310. Isso vale para o vereador?

Se o vereador não tem regime próprio de Previdência Social da Câmara Municipal, é filiado ao INSS.

311. E o servidor sem regime próprio de Previdência Social?

Da mesma forma é atingido.

312. Quem tem direito adquirido estará excluído do sistema?

Inteiramente. Na hipótese de a Lei n. 9.876/99 o favorecer, poderá optar pelo fator.

313. Continuando a trabalhar, se com o fato o benefício resultar maior, poderá escolhê-lo?

Sem dúvida.

314. Que é opção da aposentadoria por idade?

Significa que o segurado poderá optar pela aplicação do fator ou obediência às regras do PBPS antes de sua criação.

315. Como se calcula o fator?

Suponha-se segurado com 30 anos de contribuição e 53 anos de idade, com uma esperança média de sobrevida de 22,80 anos.

Os cálculos serão:

$$F = \frac{30 \times 0{,}31}{22{,}80} \times \left[1 + \frac{53 + (30 \times 0{,}31)}{100}\right]$$

$$F = \frac{9{,}3}{22{,}80} \times \left[1 + \frac{53 + (30 \times 0{,}31)}{100}\right]$$

$$F = \frac{9{,}3}{22{,}80} \times \left[1 + 0{,}6230\right]$$

$$F = 0{,}4078 \times 1{,}6230$$

$$F = 0{,}6618$$

Suponha-se segurado com 35 anos, 6 meses e 25 dias de contribuição e 50 anos, 3 meses e 21 dias de idade, com esperança de sobrevida de 25,20 anos.

TC = 35,5698

ID = 50,3041

Os cálculos serão:

$$F = \frac{35{,}5698 \times 0{,}31}{25{,}20} \times \left[1 + \frac{50{,}3041 + (35{,}5698 \times 0{,}31)}{100}\right]$$

$$F = \frac{11{,}0266}{25{,}20} \times \left[1 + \frac{61{,}3307}{100}\right]$$

$$F = 0{,}4375 \times 1{,}6133$$

$$F = 0{,}7058$$

316. Dê exemplo de mulher com 25 anos de serviços e 48 anos de idade?

Serão dados:

a) 25 + 5 anos (bônus) = 30 anos

b) expectativa de sobrevida = 26,80 anos

c) idade = 48 anos

$$F = \frac{30 \times 0{,}31}{26{,}8} \times \left[1 + \frac{48 + (30 \times 0{,}31)}{100}\right]$$

$$F = 0{,}3470 \times 1{,}5730$$

$$F = 0{,}5458$$

317. São contados os anos, meses e dias?

Os anos, meses e dias têm de ser percentualizados. Exemplo: quem tem 30 anos, 8 meses e 22 dias, fará a seguinte conta:

8 x 30 = 240 + 22 = 262 dias

262 dividido por 365 = 0,7178

30,0000 (30 anos) + 0,7178 (8 meses e 22 dias) = 30,7178

318. Que são bônus?

Para tornar politicamente viável a aprovação do projeto de lei que resultou na Lei n. 9.876/99, foi instituído um acréscimo para a mulher, a professora e o professor.

319. Quais são esses acréscimos?

São os seguintes:

a) mulher — 5 anos.

b) professor — 5 anos.

c) professora — 10 anos.

320. Qual o valor mínimo do benefício resultante?

Nenhuma renda mensal inicial pode ser inferior ao salário mínimo, de R$ 180,00.

321. E o valor máximo?

De R$ 1.430,00.

322. Feitos os cálculos, e se a renda mensal inicial ultrapassar o limite dos benefícios?

Ficará adstrita àquele valor.

323. Homem com um fator de 0,7000 em dez/1999 terá o valor diminuído 0,5% por mês e em dez/2004 perderá 30%?

Não. Não é isso que diz a regra de transição gradual a seguir examinada. Porque em dez/2004 ele terá cinco anos de contribuição e cinco de idade a mais. Seu fator será 0,8581, portanto, a redução será de 14,19%.

324. Quando entrou em vigor a lei?

Em 29/nov/1999.

CAPÍTULO XVII

IMPLANTAÇÃO GRADUAL

325. Legalmente, o fator previdenciário entrou em vigor no dia 29/ nov/1999?

Sim, mas não o efeito total da fórmula.

326. Quando ele será integral?

Cinco anos depois, isto é, em dez/2004.

327. E até lá, quais serão os critérios?

Aplicação gradual, sucessiva e cumulativamente, de 1/60 (um sessenta avos) por mês.

328. O que quer dizer isso?

O resultado da fórmula só terá eficácia total 60 meses após a publicação da Lei n. 9.876/99. Exatamente em dez/2004.

329. Por que isso aconteceu?

Por motivos políticos. A solução alvitrada tornou possível a aprovação do projeto de lei no Congresso Nacional.

330. Sobre isso, o que diz a norma legal?

No art. 5º da Lei n. 9.876/99 colhe-se: "Para a obtenção do salário-de-benefício, o fator previdenciário de que trata o art. 29 da Lei n. 8.213, de 1991, com a redação desta Lei, será aplicado de forma progressiva, incidindo sobre um sessenta avos da média aritmética de que trata o art. 3º desta Lei, por mês que se seguir a sua publicação, cumulativa e sucessivamente, até completar sessenta avos da referida média".

331. Na hipótese de um fator ser 0,700, por comparação com uma renda mensal inicial reduzida em 30%, se solicitar o benefício em dez/1999, qual seria sua perda real?

Será utilizada a seguinte fórmula:

$$SB = \frac{(F.X.M)}{60} \quad F = \frac{(60-X)}{60}$$

Onde

F = Fator previdenciário

X= Número equivalente à competência a partir de novembro de 1999

M = Média aritmética simples dos salários-de-contribuição do período básico de cálculo

Nesse caso, sem a aplicação da fórmula, o benefício teria como renda mensal R$ 700,00 (70% de R$ 1.000,00).

Com a adoção da fórmula o benefício, em dez/1999, somará o valor de:

$$SB = \frac{(0{,}700 \times 1 \times 1.000{,}00)}{60} + 1.000{,}00 \times \frac{59}{60} =$$

332. E se exatamente a mesma pessoa, acima descrita, requerer o benefício em jan/2000?

Então (se não alterou efetivamente os seus parâmetros pessoais), a diminuição será de 2/60 x 30% = 1,0%. Com a média do exemplo anterior, a renda mensal inicial totalizará R$ 990,00.

333. Por esse aspecto, o que sucede com quem tem o fator acima de 1?

Ele, que ganharia com o método introduzido, em razão da redução mensal operada pela implantação gradual, acaba tendo a vantagen diminuída.

334. Poderá contestar isso no Poder Judiciário?

Provavelmente faltará amparo legal para a pretensão. Houve cochilo do legislador que não previu a hipótese.

CAPÍTULO XVIII

APOSENTADORIA POR INVALIDEZ

335. Que é aposentadoria por invalidez?

A exemplo do auxílio-doença, é prestação calculada de pagamento continuado, de duração indefinida, normalmente não reeditável, substituidora dos salários e que impede a volta ao trabalho (arts. 42 a 47 do PBPS).

Normalmente, tem como pressuposto o auxílio-doença.

336. Quem tem direito?

Faz jus a esse benefício por incapacidade o segurado "que, estando ou não em gozo de auxílio-doença, for considerado incapaz e insusceptível de reabilitação para o exercício de atividade que lhe garanta a subsistência" (*caput* do art. 42 do PBPS).

337. Quantas hipóteses existem?

Somente duas: aposentadoria por invalidez acidentária (decorrente de acidente do trabalho) e comum.

338. O que mudou com a Lei n. 9.876/99?

A alteração diz respeito à data do início e refere-se ao pagamento dos primeiros 15 dias de afastamento do trabalho.

339. Como era antes?

O art. 43 do PBPS, na versão original de 1991, tinha regras iguais para empregado e empresário quanto ao início do benefício. Da mesma forma mandava pagar os primeiros 15 dias para o empresário.

340. Como ficou?

Diz a nova redação do art. 43, § 1º, *a*, do PBPS: "ao segurado empregado, a contar do décimo sexto dia do afastamento da atividade ou a partir da entrada do requerimento, se entre o afastamento e a entrada do requerimento decorrerem mais de trinta dias" (NR).

Na letra *b* do mesmo artigo e parágrafo obtém-se: "ao segurado empregado doméstico, trabalhador avulso, contribuinte individual, especial e facultativo, a contar da data do início da incapacidade ou da data da entrada do requerimento, se entre essas datas decorrerem mais de trinta dias" (NR).

341. E os primeiros 15 dias?

Quanto aos primeiros 15 dias determinou: "Durante os primeiros quinze dias de afastamento da atividade por motivo de invalidez, caberá à empresa pagar ao segurado empregado o salário" (NR).

342. Se a aposentadoria por invalidez resultar de auxílio-doença concedido antes de 29/nov/1999, haverá retroação do período básico de cálculo?

Não. A aposentadoria por invalidez não se confunde com auxílio-doença, ainda que possa ser concedida em seqüência a este último benefício. São prestações distintas.

De acordo com o § 7º do art. 36 do RPS, "a renda mensal inicial da aposentadoria por invalidez concedida por transformação de auxílio-doença será de cem por cento do salário-de-benefício que serviu de base para o cálculo da renda mensal inicial do auxílio-doença, reajustado pelos mesmos índices de correção dos benefícios em geral".

CAPÍTULO XIX

APOSENTADORIA POR IDADE

343. Que é aposentadoria por idade?

É um benefício calculado de pagamento continuado, de duração indefinida, não reeditável, substituidor dos salários e que não obsta a volta ao trabalho, podendo ser requerido por vontade do trabalhador ou da empresa (art. 51 da Lei n. 8.213/91).

344. Quem tem direito a esse benefício?

São quatro tipos de trabalhadores:

— Trabalhadora rural com 55 anos de idade.

— Trabalhador rural com 60 anos de idade.

— Segurada urbana com 60 anos de idade.

— Segurado urbano com 65 anos de idade.

345. O que mudou com a Lei n. 9.876/99?

A mensuração do salário-de-benefício dessa prestação foi afetada pelo alargamento do período básico de cálculo e pelo fator previdenciário.

346. O que significa isso?

Que, embora a idade exigida seja elevada (de 55 a 65 anos, conforme o caso), geralmente o tempo de contribuição do segurado é pequeno e, por conseguinte, o fator previdenciário resultará bastante reduzido.

347. Para ele, o fator previdenciário será obrigatório?

Não. Diz o art. 7º da Lei n. 9.876/99: "É garantido ao segurado com direito a aposentadoria por idade a opção pela não-aplicação do fator previdenciário a que se refere o art. 29 da Lei n. 8.213, de 1991, com a redação dada por esta Lei".

348. Qual o entendimento desse dispositivo?

Operados os cálculos, se o valor do benefício resultar inferior àquele decorrente da não-aplicação do fator previdenciário, o segurado poderá optar pela mensalidade de maior valor.

349. No cálculo do salário-de-benefício será adotado o novo período básico de cálculo?

Sim. Exceto se favorecido pelo direito adquirido, o segurado não poderá optar por outro período básico de cálculo.

350. O que mais mudou?

O § 1º do art. 48 do PBPS reduzia em cinco anos a idade dos rurícolas em comparação com a dos segurados urbanos, mas dessa vantagem excluía o empregador rural.

351. O que diz a Lei n. 9.876/99?

O referido § 1º ficou com a seguinte redação: "Os limites fixados no *caput* são reduzidos para sessenta e cinqüenta e cinco anos no caso de trabalhadores rurais, respectivamente homens e mulheres, referidos na alínea *a* do inciso I, na alínea *g* do inciso V e nos incisos VI e VII do art. 11" (NR).

CAPÍTULO XX

AUXÍLIO-DOENÇA

352. Que é auxílio-doença?

É benefício calculado de pagamento continuado, de duração indefinida, reeditável, substituidor dos salários e que obsta a volta ao trabalho (arts. 59 a 64 do PBPS).

Normalmente é tido como pressuposto e antecedente da aposentadoria por invalidez.

353. Quem tem direito?

O segurado que "ficar incapacitado para o seu trabalho ou para a sua atividade habitual por mais de 15 (quinze) dias consecutivos" (art. 59 do PBPS).

354. Existem quantos tipos?

Dois: o previdenciário comum e o acidentário (decorrente de acidente do trabalho).

355. O que mudou com a Lei n. 9.876/99?

Em primeiro lugar, a adoção do novo período básico de cálculo. Em segundo lugar, foi alterado o comando da sua data de início.

356. O PBPS dizia o quê?

Preceituava: "O auxílio-doença será devido ao segurado empregado e empresário a contar do 16º (décimo sexto) dia do afastamento da atividade, e, no caso dos demais segurados, a contar da data do início da incapacidade e enquanto ele permanecer incapaz".

357. Como ficou o novo texto?

A nova redação passou a ser: "O auxílio-doença será devido ao segurado empregado a contar do décimo sexto dia do afastamento da atividade, e, no caso dos demais segurados, a contar da data do início da incapacidade e enquanto ele permanecer incapaz" (NR).

358. O que quer dizer isso?

Que o empresário foi equiparado ao não-empregado e tem a data do início disciplinada pela regra dos demais segurados.

359. O que mais mudou?

Em razão do disposto no *caput* do aludido art. 60 do PBPS, a norma também não mais regulou o pagamento dos primeiros 15 dias, restando apenas ser um direito do empregado.

O texto novo do § 3º do art. 60 do PBPS diz: "Durante os primeiros 15 dias consecutivos ao do afastamento da atividade por motivo de doença, incumbirá à empresa pagar ao segurado empregado o seu salário integral" (NR).

CAPÍTULO XXI

SALÁRIO-FAMÍLIA

360. Que é salário-família?

É um benefício previdenciário, de pagamento continuado, reeditável, de valor previamente tarifado, devido ao empregado, temporário, avulso, e ao servidor sem regime próprio (até ao percipiente da aposentadoria por invalidez ou por idade e os demais aposentados com 65 anos de idade ou com mais de 60 anos de idade), referente ao filho ou equiparado menor de 14 anos ou inválido (arts. 65 a 70 do PBPS).

361. Quem tem direito?

O empregado, temporário, servidor sem regime próprio de Previdência Social e avulso, "na proporção do respectivo número de filhos ou equiparados" (art. 65 do PBPS), que perceba até R$ 376,60 (art. 13 da Emenda Constitucional n. 20/98).

362. Qual o valor?

Desde junho de 2001 é de R$ 10,31.

363. O que mudou com a Lei n. 9.876/99?

Foi alterada a redação do art. 67 do PBPS, pertinente à comprovação documental do direito.

364. O que ela dizia?

Que o pagamento do benefício estava condicionado à apresentação da documentação do filho e à exibição anual de atestado de vacinação obrigatória da criança.

365. Qual a novidade?

A nova redação do aludido art. 67 do PBPS ficou: "O pagamento do salário-família é condicionado à apresentação da certidão de nascimento do filho ou da documentação relativa ao equiparado ou ao inválido, e à apresentação anual de atestado de vacinação obrigatória e de comprovação de freqüência à escola do filho ou equiparado, nos termos do regulamento" (NR).

366. O que quer dizer isso?

Que, além da demonstração da existência do filho, equiparado ou inválido, e da comprovação da vacinação obrigatória, para fazer jus ao benefício, o segurado precisa provar que ele está freqüentando a escola.

367. Isso vale para filho inválido?

Pela redação, não há necessidade de comprovar que o filho inválido está cursando a escola.

368. O que diz o regulamento?

O art. 84 do RPS teve sua redação modificada. No tocante ao ensino, diz o § 2º desse artigo: "Se o segurado não apresentar o atestado de vacinação obrigatória e a comprovação de freqüência escolar do filho ou equiparado, nas datas definidas pelo Instituto Nacional do Seguro Social, o benefício do salário-família será suspenso, até que a documentação seja apresentada".

369. Nesse período de suspensão o benefício é devido?

Não. Reza o § 3º: "Não é devido salário-família no período entre a suspensão do benefício motivada pela falta de comprovação da freqüência escolar e o seu reativamento, salvo se provada a freqüência escolar regular no período".

370. Como se faz essa demonstração?

No dizer do § 4º, "A comprovação de freqüência escolar será feita mediante apresentação de documento emitido pela escola, na forma de legislação própria, em nome do aluno, onde consta o registro de freqüência regular ou de atestado do estabelecimento de ensino, comprovando a regularidade da matrícula e freqüência escolar do aluno" (NR).

371. Como é verificado esse comportamento da empresa e do trabalhador?

Por meio da Fiscalização do INSS.

CAPÍTULO XXII

SALÁRIO-MATERNIDADE

372. Que é salário-maternidade?

Trata-se de direito subjetivo constitucional (art. 7º, XVIII), trabalhista-previdenciário, da segurada gestante filiada ao RGPS (arts. 71 a 73 do PBPS). Benefício de pagamento continuado e duração previamente definida (quatro meses), reeditável, de valor tarifado, substituidor dos salários e que obsta o seu trabalho.

373. Quem tem direito?

Mulheres gestantes seguradas da Previdência Social, com ou sem período de carência, conforme cada caso.

374. Quanto tempo perdura o benefício?

Refere-se ao período que vai de 28 dias antes do parto até 91 dias após esse evento, num total de 120 dias.

375. Esse período pode ser ampliado?

Em casos excepcionais, o repouso anterior e posterior da mulher, assegurado pelos arts. 391 a 400 da CLT, pode ser aumentado de mais duas semanas, mediante atestado fornecido pelo SUS.

376. É benefício previdenciário ou conquista trabalhista?

Historicamente surgiu como instituto trabalhista, mas a partir de 1974 passou a ser um benefício previdenciário, não importando quem efetivamente o pague.

377. Antes da Lei n. 9.876/99, quem fazia jus?

A empregada, a temporária, a servidora sem regime próprio, a avulsa (Lei n. 6.136/74), a segurada especial e a doméstica (Lei n. 8.861/94).

378. Alguém mais passou a ter direito?

Sim. As contribuintes individuais e as facultativas, particularmente a empresária, a autônoma, a produtora rural pessoa física e a garimpeira.

379. Mesmo não trabalhando, a facultativa pode requerê-lo?

Exatamente. Receberá o benefício no órgão local do INSS.

380. De que data se contará o período de carência?

Quando exigido, exceto para a segurada especial (que conhece determinação regulamentar), a carência terá de anteceder o período de licença. Ser antes dos 28 dias.

381. Qual a carência para a segurada especial?

A segurada especial, após comprovar o "exercício de atividade rural nos últimos dez meses imediatamente anteriores ao requerimento do benefício, mesmo que de forma descontínua" (art. 93, § 2º, RPS), garantirá a prestação.

382. E a carência da contribuinte individual e da facultativa?

Um número mínimo de 10 contribuições mensais.

383. E a da doméstica?

A doméstica não tem de cumprir o período de carência.

384. Existem outras categorias não obrigadas ao período de carência?

As que antes já tinham o direito: a empregada regida pela CLT, a temporária da Lei n. 6.019/74, a servidora sem regime próprio e a avulsa.

385. E no caso de parto antecipado?

O período de carência reduzido será o correspondente aos meses da antecipação.

386. Onde e como é pago?

Será pago diretamente pelo INSS ou, no local de trabalho, mediante convênio com a empresa, sindicato ou entidade de aposentados (art. 311 do RPS), incluindo a parcela do décimo terceiro proporcional.

387. Existem regras transitórias?

As contribuintes individuais e facultativas "que atendam ao disposto no subitem 4.3 e cujo parto tenha ocorrido até o dia 30 de novembro de 1999, farão jus ao salário-maternidade proporcionalmente aos dias que faltarem para completar cento e vinte dias de afastamento, observado o disposto na alínea 'e' do subitem 9.4" (subitem 9.1 da Instrução Normativa INSS/DC n. 4/99).

Se o parto ocorreu, por exemplo, no dia 30/nov/1999, as contribuintes individuais e facultativas não farão jus aos 28 dias anteriores (não havia lei), mas elas têm direito aos 91 dias.

388. Qual é o valor mensal do salário-maternidade?

Depende do tipo de segurada. Em razão do art. 14 da Emenda Constitucional n. 20/98, o INSS pretendeu que o valor máximo seria o limite do salário-de-contribuição, de R$ 1.200,00 em 16/dez/1998, mas por meio da ADIn 1.946-5, de 29/abr/1999, quando relator o Min. Sidney Sanches, o STF entendeu que o benefício não tem limite (*in* DJU de 10/maio/1999).

389. Qual o valor mensal do salário-maternidade da doméstica?

A importância correspondente ao último salário-de-contribuição anotado na CTPS (Lei n. 8.861/94).

390. Qual o valor do salário-maternidade da segurada especial?

Um salário mínimo (Lei n. 8.861/94).

391. E se ela também optar por ser facultativa?

Além da garantia do salário mínimo, deverá ter mais 1/12 avos da soma das contribuições realizadas nos últimos 12 meses.

392. E o das contribuintes individuais e facultativas?

Para as contribuintes individuais ou facultativas, "um doze avos da soma dos 12 últimos salários-de-contribuição, apurados em período não superior a 15 meses" (art. 101, III, do RPS).

Caso a segurada tenha 12 contribuições, encontradas, no máximo, em 15 meses, a soma será dividida por 12. Se possuir, por exemplo, apenas 10, então, a divisão será por 10.

393. E para a empregada regida pela CLT?

A última remuneração integral, sem limite.

394. Qual o valor para a avulsa?

A última remuneração integral equivalente a um mês de trabalho, sem limite.

395. E o da servidora sem regime próprio?

A remuneração paga pelo ente político.

396. Quando entrou em vigor esse novo salário-maternidade?

A partir do dia 29/nov/1999.

397. Subsiste contribuição previdenciária sobre o salário-maternidade?

Esta é questão destinada à polêmica. O conceito básico e genérico do salário-de-contribuição do empregado e avulso, constante da versão original do art. 28, I, do PCSS, era implementado pelo seu § 2º ("O salário-maternidade é considerado salário-de-contribuição"), bem como pelos seus §§ 8º e 9º.

A esse tempo, isto é, até 28/nov/1999, o salário-maternidade era — e continua sendo — uma prestação previdenciária, sendo irrelevante o fato de que a empresa desembolsava materialmente o valor porque o devedor da obrigação era o INSS (pelo mecanismo prático de transposição, desprezado pelo legislador de 1999).

A redação do mencionado art. 28, I, não se alterou com a Lei n. 9.876/99 e, dessa forma, presente e não revogado o § 2º do mesmo artigo (pelo fato de a segurada ter de ir receber o benefício no órgão local do INSS — art. 71 do PBPS), ele permanece válido, impondo-se a obrigação de recolher contribuições (embora distorção do sistema, pois não deveria haver contribuições sobre benefícios).

398. Como a empresa saberá se a segurada recebeu salário-maternidade?

A alteração promovida na legislação relativa ao salário-maternidade representou retrocesso histórico e criará diversos problemas operacionais. Diante da gestação adiantada e do acompanhamento do médico do trabalho, a empresa estimará o valor (afinal, é a remuneração da empregada, informação que ela tem) e, de preferência, solicitará o comprovante fornecido pelo INSS relativo ao período do benefício.

399. Como será feita a dedução da contribuição do INSS?

Até a elaboração deste trabalho não havia norma informando se o INSS descontaria a contribuição devida quando da quitação ou deixaria o encargo para a empresa. Se não o fizer, esta terá de fazê-lo, devendo deter comprovante do desconto e recolhimento para ser apresentado à fiscalização.

400. Qual o mês de pagamento da parcela relativa ao décimo terceiro?

Igual ao sistema anterior, ou seja, juntamente com a última parcela paga no exercício.

401. E outros descontos?

As empresas devem procurar entender-se com as gestantes, com vistas a descontos de outra ordem, como Imposto de Renda, plano de saúde e retenções diversas.

402. Como recolherão as contribuintes individuais e facultativas?

Se o INSS não lhes descontar por ocasião do pagamento terão de fazê-lo por meio da GPS.

403. Quem estiver em atraso terá de atualizar-se para receber o benefício?

Carência é contribuição devida e recolhida. Certamente, o INSS exigirá a quitação das contribuições atrasadas.

CAPÍTULO XXIII

AVOCATÓRIA MINISTERIAL

404. Que é avocatória ministerial?

Dentro do procedimento administrativo previdenciário, consiste na possibilidade de o INSS, as empresas ou os beneficiários tentarem rever decisões tomadas pela própria autarquia, Juntas de Recursos ou Conselho de Recursos da Previdência Social.

405. É um recurso administrativo?

Não. Verdadeiramente não passa de um remédio jurídico interno, com as características da ação rescisória do Direito Processual, com vistas a sanear decisão equivocada praticada pelo órgão gestor da Previdência Social. Para o Parecer CJ/MTPS n. 29/70: "constitui providência extrema e somente se justifica na ocorrência de erro substancial ou nulidade insanável".

406. Qual a fonte formal sobre o assunto?

Diz o art. 309 do RPS: "O Ministro da Previdência e Assistência Social pode avocar e rever de ofício ato ou decisão proferida no contencioso administrativo, nas seguintes hipóteses: I — violação de lei ou ato normativo; II — julgamento *ultra* ou *extra petita*; III — conflito entre órgãos do Ministério da Previdência e Assistência Social ou de entidades vinculadas; e IV — questão previdenciária ou de assistência social de relevante interesse público ou social".

A origem legal remota é o art. 4º da Lei n. 6.309/75.

407. Existe direito subjetivo à avocatória?

Não. O interessado, designado como solicitante do pedido, requererá ao Presidente do CRPS, tido como órgão suscitante, que, após apreciar a pretensão e verificar sua propriedade lógica ou jurídica, encaminhará ao Ministro de Estado, e este, finalmente, decidirá se avoca o processo ou não e refaz o ato.

408. O que mudou com a Lei n. 9.876/99?

Ela tratou do assunto, mas o Decreto n. 3.265/99, espécie de regulamento dessa lei, acresceu um § 8º ao art. 303 do RPS, dizendo: "Não cabe avocatória para simples reexame de matéria de fato" (NR).

409. O que quer dizer isso?

Equívocos materiais não carecem de avocatória; podem ser corrigidos por simples pedidos de revisão.

CAPÍTULO XXIV

DIREITO ADQUIRIDO

410. Que é direito adquirido?

Doutrinariamente, no âmbito da área social das prestações securitárias, respeitada a determinação expressa da norma pública e relevado o superior interesse da coletividade, e a capacidade de execução, direito adquirido é a possibilidade de o titular ou representante de um bem legalmente considerado, ou fração dele — cogitando-se do valor real, constituído regular e legitimamente, mediante o cumprimento dos pressupostos normativos que lhe assegurem a posse jurídica e/ou a detenção material, isto é, fruindo-o ou não —, poder utilizar-se da faculdade de exercitá-lo quando lhe convier ou diante de norma posterior que imponha restrições inovadoras à sua utilização.

Isso quer dizer que se a pessoa preencheu os requisitos legais até 28/nov/1999, ela tem direito adquirido às prestações como calculadas na versão do PBPS vigente até aquela data.

411. O que diz a Lei n. 9.876/99 a respeito?

Reza o art. 6º: "É garantido ao segurado que até o dia anterior à data de publicação desta Lei tenha cumprido os requisitos para a concessão do benefício o cálculo segundo as regras até então vigentes".

412. Para se ter direito adquirido é preciso ter requerido o benefício antes da mudança?

Não. A qualquer momento o segurado poderá fazê-lo, sem prejuízo do direito adquirido.

413. E se o segurado só consegue provar, depois de 28/nov/1999, que antes dessa data atendia aos pressupostos legais?

Da mesma forma tem direito adquirido.

414. Essa faculdade estende-se aos pensionistas?

Sim. Caso o segurado tenha falecido até 28/nov/1999 ou após, se antes ele havia preenchido os requisitos legais, o direito dos pensionistas rege-se pela lei revogada.

415. Atendidos os requisitos legais no prazo fixado, qual o direito do segurado se ele continua trabalhando ou contribuindo após 28/nov/1999 e resolve receber o benefício mais tarde?

Solicitando o benefício depois de 28/nov/1999, o INSS calculará a renda mensal inicial conforme a Lei n. 9.876/99 e, também, segundo a lei anterior, oferecendo o benefício de maior valor.

416. Os segurados têm direito adquirido ao período básico de cálculo de 36 meses?

Só na hipótese de preencherem os requisitos legais até 28/nov/1999. Quanto à utilização de meses superiores aos 36 anteriores, a questão é polêmica por natureza e só o Poder Judiciário dirimirá a dúvida.

417. Que é expectativa de direito?

É a situação daquele que até 28/nov/1999 não completou os requisitos legais, vindo a fazê-lo após a data do início da Lei n. 9.876/99, obrigando-se a cumpri-la.

418. Por terem sido admitidos no sistema antes dessa lei, os beneficiários podem contestá-la no Poder Judiciário?

Podem, mas provavelmente não terão sucesso. Respeitados a coisa julgada, o ato jurídico perfeito e o direito adquirido, é legal empreender-se mudanças na legislação. O legislador ordinário está autorizado pelo art. 201 da Constituição Federal.

CAPÍTULO XXV

VIGÊNCIA DA LEI N. 9.876/99

419. Formalmente, quando uma lei entra em vigor?

Na data da sua publicação, no Diário Oficial da União. Às vezes, por determinação expressa, sua eficácia conta-se quando de sua regulamentação.

No dizer do art. 1º da LICC: "Salvo disposição contrária, a lei começa a vigorar em todo o país quarenta e cinco dias depois de oficialmente publicada" (Lei n. 4.657/42).

420. E a Lei n. 9.876/99?

É datada de 26 de novembro e foi publicada no DOU de 29/nov/1999, quando entrou em vigor.

421. Todos os seus dispositivos adquiriram validade imediatamente?

Não. Diz seu art. 8º: "Esta Lei entra em vigor na data de sua publicação, produzindo efeitos, quanto à majoração de contribuição e ao disposto no § 4º do art. 30 da Lei n. 8.212, de 1991, com a redação dada por esta Lei, a partir do dia primeiro do mês seguinte ao nonagésimo dia daquela publicação, sendo mantida, até essa data, a obrigatoriedade dos recolhimentos praticados na forma da legislação anterior".

422. Por que a nova contribuição passou a ser exigida em mar/2000?

Para dar cumprimento ao princípio nonagesimal, previsto no art. 195, § 6º, da Constituição Federal de 1988.

423. Quando as empresas terão de aportar segundo a nova lei?

Em abr/2000, em relação ao mês de competência mar/2000.

424. Que é implantação gradual?

O fator previdenciário, por motivos políticos, não será implantado automaticamente com a eficácia da Lei n. 9.876/99, mas, sim, paulatinamente, adquirindo inteira validade somente em dez/2004, isto é, 60 meses depois.

CAPÍTULO XXVI

Constitucionalidade da Lei

425. A Lei n. 9.876/99 é constitucional?

Deslindar a constitucionalidade da lei que introduziu o fator previdenciário é questiúncula polêmica na doutrina, entre os estudiosos, e do ponto de vista prático devia-se aguardar a decisão do STF.

Em apertada síntese, tendo em vista a desconstitucionalização do cálculo da renda mensal inicial, a menção ao equilíbrio atuarial e financeiro (art. 201), bem como o fato de o preceito fazer referência à dicção "nos termos da lei", o Supremo Tribunal Federal, em 16/mar/2000, decidiu que a Lei n. 9.876/99 não contraria o Texto Maior (ADIn 2.110-9/2000).

426. Qual o alcance da revogação do art. 202 da Lei Maior de 1988?

Desde 16/dez/1998, o emendador constitucional não mais quer regrar o cálculo dos benefícios, julgando ser tarefa da lei ordinária e, para isso, cometeu essa atribuição ao elaborador da norma comum.

Com isso, diz-se que desconstitucionalizou a mensuração do valor das prestações e que, respeitados o direito adquirido e o ato jurídico perfeito, observado o bom-senso, a lei ordinária pode modificá-la.

427. Um critério que leva em conta um período básico de cálculo maior é juridicamente correto?

Do ponto de vista matemático-financeiro, aferição que se baseie em todo o período contributivo do segurado é mais adequada, máxime se ela se referir aos benefícios programados.

Já não será tão justo nem equânime ou ficará distante da solidariedade social que matiza a Previdência Social, se também valer para os benefícios imprevisíveis, como aconteceu com a Lei n. 9.876/99.

428. A retroação do período básico de cálculo a jul/1994 é constitucional?

Inconstitucional não é, porque a matéria foi delegada ao legislador ordinário, mas de qualquer modo afeta preteritamente a aferição das prestações de pagamento continuado. E por isso sujeita-se a críticas e será contestada.

Juridicamente, deverá ser sustentada porque só quem tem direito adquirido fica à margem de mudanças.

429. A irredutibilidade dos benefícios é ofendida?

O art. 194, parágrafo único, IV, da Lei Maior garante a irredutibilidade do valor dos benefícios, depois de concedidos. Inexiste nesse dispositivo qualquer comando preservando a consolidação da legislação anterior, que seria imutável quando definisse as mensalidades dos benefícios.

430. O que significa equilíbrio financeiro e atuarial?

O art. 201 da Carta Magna diz que "A Previdência Social será organizada sob a forma de regime geral, de caráter contributivo e de filiação obrigatória, observados critérios que preservem o equilíbrio financeiro e atuarial, e atenderá, nos termos da lei, a:...".

Trata-se de notável disposição, insculpida no primeiro artigo que disciplina a Previdência Social básica, flanqueando enorme leque de opções para o legislador ordinário. O conceito terá de ser trabalhado pela doutrina até consolidar-se num princípio dos mais importantes.

Nada obstante as expectativas ou pretensões subjetivas da população obreira, meritórias e justificadas no cenário econômico e social atual, agudizadas pela terceirização, informalidade e desemprego renitentes, o arcabouço desenhado pela Emenda Constitucional n. 20/98 é de um sistema previdenciário que vislumbra um regime financeiro misto, de quase capitalização (num primeiro momento, considera mais o tempo de contribuição e só mais tarde, quando o período básico de cálculo for de 30 ou 35 anos, sopesará o nível de contribuição) e de repartição simples (especialmente para os benefícios imprevisíveis).

431. O fator previdenciário tem futuro?

É difícil prognosticar. Como produzirá inconformidades e insatisfações, gerará divergências e perplexidades. Pena que não tenha sido debatido no seio da sociedade e entre os especialistas. O projeto de lei transitou celeremente por 90 dias no Congresso Nacional, sem grandes discussões sobre sua propriedade ou busca de alternativas. Provavelmente é uma semente no caminho da capitalização. Uma experiência destinada a produzir frutos, mas encontrará grande resistência até que, afinal, seja substituído assim que encontrado o necessário equilíbrio das contas do INSS. Sua baixa solidariedade acabará por condená-lo a transformar-se num modelo mais justo e próprio da Previdência Social.

TÁBUA COMPLETA DE MORTALIDADE (AMBOS OS SEXOS) — 1998/1999

A tábua completa de mortalidade, para ambos os sexos, formulada pelo IBGE apresenta os seguintes números:

IDADES EXATAS	EXPECTATIVAS DE VIDA À IDADE 1998 Res. FIBGE 1/99	EXPECTATIVAS DE VIDA À IDADE 1999 Res. FIBGE 10/00
0	68,1	68,4
1	69,9	69,8
2	68,8	69,0
3	67,9	68,1
4	66,9	67,1
5	66,0	66,2
6	65,0	65,2
7	64,1	64,3
8	63,1	63,3
9	62,1	62,3
10	61,1	61,3
11	60,2	60,3
12	59,2	59,4
13	58,2	58,4
14	57,2	57,4
15	56,3	56,4
16	55,3	55,5
17	54,4	54,5
18	53,4	53,6
19	52,5	52,7
20	51,6	51,8

IDADES EXATAS	EXPECTATIVAS DE VIDA À IDADE 1998 Res. FIBGE 1/99	EXPECTATIVAS DE VIDA À IDADE 1999 Res. FIBGE 10/00
21	50,7	50,8
22	49,7	49,9
23	48,8	49,0
24	47,9	48,1
25	47,0	47,2
26	46,1	46,3
27	45,2	45,4
28	44,3	44,5
29	43,4	43,6
30	42,5	42,7
31	41,6	41,8
32	40,7	40,9
33	39,8	40,0
34	38,9	39,1
35	38,0	38,2
36	37,1	37,3
37	36,2	36,4
38	35,4	35,5
39	34,5	34,6
40	33,6	33,8
41	32,7	32,9
42	31,9	32,0
43	31,0	31,2
44	30,2	30,3
45	29,3	29,5
46	28,5	28,6
47	27,7	27,8

IDADES EXATAS	EXPECTATIVAS DE VIDA À IDADE 1998 Res. FIBGE 1/99	EXPECTATIVAS DE VIDA À IDADE 1999 Res. FIBGE 10/00
48	26,8	27,0
49	26,0	26,1
50	25,2	25,3
51	24,4	24,5
52	23,6	23,7
53	22,8	23,0
54	22,1	22,2
55	21,3	21,4
56	20,5	20,6
57	19,8	19,9
58	19,0	19,2
59	18,3	18,4
60	17,6	17,7
61	16,9	17,0
62	16,2	16,3
63	15,5	15,6
64	14,8	14,9
65	14,1	14,2
66	13,5	13,6
67	12,8	12,9
68	12,2	12,3
69	11,5	11,6
70	10,9	11,0
71	10,4	10,4
72	9,8	9,9
73	9,2	9,3
74	8,7	8,8

IDADES EXATAS	EXPECTATIVAS DE VIDA À IDADE 1998 Res. FIBGE 1/99	EXPECTATIVAS DE VIDA À IDADE 1999 Res. FIBGE 10/00
75	8,2	8,3
76	7,7	7,8
77	7,3	7,3
78	6,8	6,9
79	6,4	6,5
80	60	6,1

LEI N. 9.876, DE 26 DE NOVEMBRO DE 1999

Dispõe sobre a contribuição previdenciária do contribuinte individual, o cálculo do benefício, altera dispositivos das Leis ns. 8.212 e 8.213, ambas de 24 de julho de 1991, e dá outras providências.

O PRESIDENTE DA REPÚBLICA

Faço saber que o Congresso Nacional decreta e eu sanciono a seguinte Lei:

Art. 1º A Lei n. 8.212, de 24 de julho de 1991, passa a vigorar com as seguintes alterações:

"Art. 12. ....

I - ....

...."

"i) o empregado de organismo oficial internacional ou estrangeiro em funcionamento no Brasil, salvo quando coberto por regime próprio de previdência social;"

".."

"V - como contribuinte individual:" (NR)

"a) a pessoa física, proprietária ou não, que explora atividade agropecuária ou pesqueira, em caráter permanente ou temporário, diretamente ou por intermédio de prepostos e com auxílio de empregados, utilizados a qualquer título, ainda que de forma não contínua;

b) a pessoa física, proprietária ou não, que explora atividade de extração mineral — garimpo, em caráter permanente ou temporário, diretamente ou por intermédio de prepostos, com ou sem o auxílio de empregados, utilizados a qualquer título, ainda que de forma não contínua;"

"c) o ministro de confissão religiosa e o membro de instituto de vida consagrada, de congregação ou de ordem religiosa, quando mantidos pela entidade a que pertencem, salvo se filiados obrigatoriamente à Previdência Social em razão de outra atividade ou a outro regime previdenciário, militar ou civil, ainda que na condição de inativos;" (NR)

"d) revogada;"

"e) o brasileiro civil que trabalha no exterior para organismo oficial internacional do qual o Brasil é membro efetivo, ainda que lá domiciliado e contratado, salvo quando coberto por regime próprio de previdência social;" (NR)

"f) o titular de firma individual urbana ou rural, o diretor não empregado e o membro de conselho de administração de sociedade anônima, o sócio solidário, o sócio de indústria, o sócio-gerente e o sócio cotista que recebam remuneração decorrente de seu trabalho em empresa urbana ou rural, e o associado eleito para cargo de direção em cooperativa, associação ou entidade de qualquer natureza ou finalidade, bem como o síndico ou administrador eleito para exercer atividade de direção condominial, desde que recebam remuneração;

g) quem presta serviço de natureza urbana ou rural, em caráter eventual, a uma ou mais empresas, sem relação de emprego;

h) a pessoa física que exerce, por conta própria, atividade econômica de natureza urbana, com fins lucrativos ou não;"

".."

"§ 6º Aplica-se o disposto na alínea *g* do inciso I do *caput* ao ocupante de cargo de Ministro de Estado, de Secretário Estadual, Distrital ou Municipal, sem vínculo efetivo com a União, Estados, Distrito Federal e Municípios, suas autarquias, ainda que em regime especial, e fundações."

"Art. 13. O servidor civil ocupante de cargo efetivo ou o militar da União, dos Estados, do Distrito Federal ou dos Municípios, bem como o das respectivas autarquias e fundações, são excluídos do Regime Geral de Previdência Social consubstanciado nesta Lei, desde que amparados por regime próprio de previdência social." (NR)

"§ 1º Caso o servidor ou o militar venham a exercer, concomitantemente, uma ou mais atividades abrangidas pelo Regime Geral de Previdência Social, tornar-se-ão segurados obrigatórios em relação a essas atividades." (NR)

"§ 2º Caso o servidor ou o militar, amparados por regime próprio de previdência social, sejam requisitados para outro órgão ou entidade cujo regime previdenciário não permita a filiação nessa condição, permanecerão vinculados ao regime de origem, obedecidas as regras que cada ente estabeleça acerca de sua contribuição."

"Art. 15. ...."

"Parágrafo único. Equipara-se a empresa, para os efeitos desta Lei, o contribuinte individual em relação a segurado que lhe presta serviço, bem como a cooperativa, a associação ou entidade de qualquer natureza ou finalidade, a missão diplomática e a repartição consular de carreira estrangeiras." (NR)

"CAPÍTULO III

DA CONTRIBUIÇÃO DO SEGURADO"

"..."

"Seção II"

"Da Contribuição dos Segurados Contribuinte Individual e Facultativo" (NR)

"Art. 21. A alíquota de contribuição dos segurados contribuinte individual e facultativo será de vinte por cento sobre o respectivo salário-de-contribuição." (NR)

"I - revogado;"

"II - revogado."

"..."

"Art. 22. ...."

"I - vinte por cento sobre o total das remunerações pagas, devidas ou creditadas a qualquer título, durante o mês, aos segurados empregados e trabalhadores avulsos que lhe prestem serviços, destinadas a retribuir o trabalho, qualquer que seja a sua forma, inclusive as gorjetas, os ganhos habituais sob a forma de utilidades e os adiantamentos decorrentes de reajuste salarial, quer pelos serviços efetivamente prestados, quer pelo tempo à disposição do empregador ou tomador de serviços, nos termos da lei ou do contrato ou, ainda, de convenção ou acordo coletivo de trabalho ou sentença normativa." (NR)

"..."

"III - vinte por cento sobre o total das remunerações pagas ou creditadas a qualquer título, no decorrer do mês, aos segurados contribuintes individuais que lhe prestem serviços;

IV - quinze por cento sobre o valor bruto da nota fiscal ou fatura de prestação de serviços, relativamente a serviços que lhe são prestados por cooperados por intermédio de cooperativas de trabalho."

"§ 1º No caso de bancos comerciais, bancos de investimentos, bancos de desenvolvimento, caixas econômicas, sociedades de crédito, financiamento e investimento, sociedades de crédito imobiliário, sociedades corretoras, distribuidoras de títulos e valores mobiliários, empresas de arrendamento mercantil, cooperativas de crédito, empresas de seguros privados e de capitalização, agentes autônomos de seguros privados e de crédito e entidades de previdência privada abertas e fechadas, além das contribuições referidas neste artigo e no art.

23, é devida a contribuição adicional de dois vírgula cinco por cento sobre a base de cálculo definida nos incisos I e III deste artigo." (NR)

".."

"Art. 28. ....

...."

"III - para o contribuinte individual: a remuneração auferida em uma ou mais empresas ou pelo exercício de sua atividade por conta própria, durante o mês, observado o limite máximo a que se refere o § 5º;" (NR)

"IV - para o segurado facultativo: o valor por ele declarado, observado o limite máximo a que se refere o § 5º."

".."

"Art. 30. ....

I - ....

...."

"b) recolher o produto arrecadado na forma da alínea anterior, a contribuição a que se refere o inciso IV do art. 22, assim como as contribuições a seu cargo incidentes sobre as remunerações pagas, devidas ou creditadas, a qualquer título, aos segurados empregados, trabalhadores avulsos e contribuintes individuais a seu serviço, até o dia dois do mês seguinte ao da competência;" (NR)

".."

"II - os segurados contribuinte individual e facultativo estão obrigados a recolher sua contribuição por iniciativa própria, até o dia quinze do mês seguinte ao da competência;" (NR)

".."

"§ 2º Se não houver expediente bancário nas datas indicadas, o recolhimento deverá ser efetuado no dia útil imediatamente posterior." (NR)

".."

"§ 4º Na hipótese de o contribuinte individual prestar serviço a uma ou mais empresas, poderá deduzir, da sua contribuição mensal, quarenta e cinco por cento da contribuição da empresa, efetivamente recolhida ou declarada, incidente sobre a remuneração que esta lhe tenha pago ou creditado, limitada a dedução a nove por cento do respectivo salário-de-contribuição.

§ 5º Aplica-se o disposto no § 4º ao cooperado que prestar serviço a empresa por intermédio de cooperativa de trabalho."

"Art. 35. Sobre as contribuições sociais em atraso, arrecadadas pelo INSS, incidirá multa de mora, que não poderá ser relevada, nos seguintes termos:" (NR)

"I - ...."

"a) oito por cento, dentro do mês de vencimento da obrigação;" (NR)

"b) quatorze por cento, no mês seguinte;" (NR)

"c) vinte por cento, a partir do segundo mês seguinte ao do vencimento da obrigação;" (NR)

"II - ...."

"a) vinte e quatro por cento, em até quinze dias do recebimento da notificação;" (NR)

"b) trinta por cento, após o décimo quinto dia do recebimento da notificação;" (NR)

"c) quarenta por cento, após apresentação de recurso desde que antecedido de defesa, sendo ambos tempestivos, até quinze dias da ciência da decisão do Conselho de Recursos da Previdência Social — CRPS;" (NR)

"d) cinqüenta por cento, após o décimo quinto dia da ciência da decisão do Conselho de Recursos da Previdência Social — CRPS, enquanto não inscrito em Dívida Ativa;" (NR)

"III - ...."

"a) sessenta por cento, quando não tenha sido objeto de parcelamento;" (NR)

"b) setenta por cento, se houve parcelamento;" (NR)

"c) oitenta por cento, após o ajuizamento da execução fiscal, mesmo que o devedor ainda não tenha sido citado, se o crédito não foi objeto de parcelamento;" (NR)

"d) cem por cento, após o ajuizamento da execução fiscal, mesmo que o devedor ainda não tenha sido citado, se o crédito foi objeto de parcelamento." (NR)

".."

"§ 4º Na hipótese de as contribuições terem sido declaradas no documento a que se refere o inciso IV do art. 32, ou quando se tratar de empregador doméstico ou de empresa ou segurado dispensados de apresentar o citado documento, a multa de mora a que se refere o *caput* e seus incisos será reduzida em cinqüenta por cento."

"Art. 45. ...."

"§ 1º Para comprovar o exercício de atividade remunerada, com vistas à concessão de benefícios, será exigido do contribuinte individual, a qualquer tempo, o recolhimento das correspondentes contribuições." (NR)

"..."

"§ 4º Sobre os valores apurados na forma dos §§ 2º e 3º incidirão juros moratórios de zero vírgula cinco por cento ao mês, capitalizados anualmente, e multa de dez por cento." (NR)

"..."

"§ 6º O disposto no § 4º não se aplica aos casos de contribuições em atraso a partir da competência abril de 1995, obedecendo-se, a partir de então, às disposições aplicadas às empresas em geral."

"Art. 85-A. Os tratados, convenções e outros acordos internacionais de que Estado estrangeiro ou organismo internacional e o Brasil sejam partes, e que versem sobre matéria previdenciária, serão interpretados como lei especial."

Art. 2º A Lei n. 8.213, de 24 de julho de 1991, passa a vigorar com as seguintes alterações:

"Art. 11...

I -...

...."

"i) o empregado de organismo oficial internacional ou estrangeiro em funcionamento no Brasil, salvo quando coberto por regime próprio de previdência social;"

"..."

"V - como contribuinte individual:" (NR)

"a) a pessoa física, proprietária ou não, que explora atividade agropecuária ou pesqueira, em caráter permanente ou temporário, diretamente ou por intermédio de prepostos e com auxílio de empregados, utilizados a qualquer título, ainda que de forma não contínua;

b) a pessoa física, proprietária ou não, que explora atividade de extração mineral — garimpo, em caráter permanente ou temporário, diretamente ou por intermédio de prepostos, com ou sem o auxílio de empregados, utilizados a qualquer título, ainda que de forma não contínua;"

"c) o ministro de confissão religiosa e o membro de instituto de vida consagrada, de congregação ou de ordem religiosa, quando mantidos pela entidade a que pertencem, salvo se filiados obrigatoriamente à Previdência Social em razão de outra atividade ou a outro regime previdenciário, militar ou civil, ainda que na condição de inativos;" (NR)

"d) revogada;"

"e) o brasileiro civil que trabalha no exterior para organismo oficial internacional do qual o Brasil é membro efetivo, ainda que lá domiciliado e contratado, salvo quando coberto por regime próprio de previdência social;" (NR)

"f) o titular de firma individual urbana ou rural, o diretor não empregado e o membro de conselho de administração de sociedade anônima, o sócio solidário, o sócio de indústria, o sócio-gerente e o sócio cotista que recebam remuneração decorrente de seu trabalho em empresa urbana ou rural, e o associado eleito para cargo de direção em cooperativa, associação ou entidade de qualquer natureza ou finalidade, bem como o síndico ou administrador eleito para exercer atividade de direção condominial, desde que recebam remuneração;

g) quem presta serviço de natureza urbana ou rural, em caráter eventual, a uma ou mais empresas, sem relação de emprego;

h) a pessoa física que exerce, por conta própria, atividade econômica de natureza urbana, com fins lucrativos ou não;"

".."

"§ 5º Aplica-se o disposto na alínea *g* do inciso I do *caput* ao ocupante de cargo de Ministro de Estado, de Secretário Estadual, Distrital ou Municipal, sem vínculo efetivo com a União, Estados, Distrito Federal e Municípios, suas autarquias, ainda que em regime especial, e fundações."

"Art. 12. O servidor civil ocupante de cargo efetivo ou o militar da União, dos Estados, do Distrito Federal ou dos Municípios, bem como o das respectivas autarquias e fundações, são excluídos do Regime Geral de Previdência Social consubstanciado nesta Lei, desde que amparados por regime próprio de previdência social." (NR)

"§ 1º Caso o servidor ou o militar venham a exercer, concomitantemente, uma ou mais atividades abrangidas pelo Regime Geral de Previdência Social, tornar-se-ão segurados obrigatórios em relação a essas atividades." (NR)

"§ 2º Caso o servidor ou o militar, amparados por regime próprio de previdência social, sejam requisitados para outro órgão ou entidade cujo regime previdenciário não permita a filiação, nessa condição, permanecerão vinculados ao regime de origem, obedecidas as regras que cada ente estabeleça acerca de sua contribuição."

"Art. 14. ...."

"Parágrafo único. Equipara-se a empresa, para os efeitos desta Lei, o contribuinte individual em relação a segurado que lhe presta serviço, bem como a cooperativa, a associação ou entidade de qualquer natureza ou finalidade, a missão diplomática e a repartição consular de carreira estrangeiras." (NR)

"Art. 25. ....

...."

"III - salário-maternidade para as seguradas de que tratam os incisos V e VII do art. 11 e o art. 13: dez contribuições mensais, respeitado o disposto no parágrafo único do art. 39 desta Lei.

Parágrafo único. Em caso de parto antecipado, o período de carência a que se refere o inciso III será reduzido em número de contribuições equivalente ao número de meses em que o parto foi antecipado."

"Art. 26. ...."

"I - pensão por morte, auxílio-reclusão, salário-família e auxílio-acidente;" (NR)

"..."

"VI - salário-maternidade para as seguradas empregada, trabalhadora avulsa e empregada doméstica."

"Art. 27. ....

...."

"II - realizadas a contar da data do efetivo pagamento da primeira contribuição sem atraso, não sendo consideradas para este fim as contribuições recolhidas com atraso referentes a competências anteriores, no caso dos segurados empregado doméstico, contribuinte individual, especial e facultativo, referidos, respectivamente, nos incisos II, V e VII do art. 11 e no art. 13." (NR)

"Art. 29. O salário-de-benefício consiste:" (NR)

"I - para os benefícios de que tratam as alíneas *b* e *c* do inciso I do art. 18, na média aritmética simples dos maiores salários-de-contribuição correspondentes a oitenta por cento de todo o período contributivo, multiplicada pelo fator previdenciário;

II - para os benefícios de que tratam as alíneas *a*, *d*, *e* e *h* do inciso I do art. 18, na média aritmética simples dos maiores salários-de-contribuição correspondentes a oitenta por cento de todo o período contributivo."

"..."

"§ 6º No caso de segurado especial, o salário-de-benefício, que não será inferior ao salário mínimo, consiste:

I - para os benefícios de que tratam as alíneas *b* e *c* do inciso I do art. 18, em um treze avos da média aritmética simples dos maiores valores sobre os quais incidiu a sua contribuição anual, correspondentes a oitenta por cento de todo o período contributivo, multiplicada pelo fator previdenciário;

II - para os benefícios de que tratam as alíneas *a, d, e* e *h* do inciso I do art. 18, em um treze avos da média aritmética simples dos maiores valores sobre os quais incidiu a sua contribuição anual, correspondentes a oitenta por cento de todo o período contributivo.

§ 7º O fator previdenciário será calculado considerando-se a idade, a expectativa de sobrevida e o tempo de contribuição do segurado ao se aposentar, segundo a fórmula constante do Anexo desta Lei.

§ 8º Para efeito do disposto no § 7º, a expectativa de sobrevida do segurado na idade da aposentadoria será obtida a partir da tábua completa de mortalidade construída pela Fundação Instituto Brasileiro de Geografia e Estatística — IBGE, considerando-se a média nacional única para ambos os sexos.

§ 9º Para efeito da aplicação do fator previdenciário, ao tempo de contribuição do segurado serão adicionados:

I - cinco anos, quando se tratar de mulher;

II - cinco anos, quando se tratar de professor que comprove exclusivamente tempo de efetivo exercício das funções de magistério na educação infantil e no ensino fundamental e médio;

III - dez anos, quando se tratar de professora que comprove exclusivamente tempo de efetivo exercício das funções de magistério na educação infantil e no ensino fundamental e médio."

"Art. 43. ....

§ 1º ...."

"a) ao segurado empregado, a contar do décimo sexto dia do afastamento da atividade ou a partir da entrada do requerimento, se entre o afastamento e a entrada do requerimento decorrerem mais de trinta dias;" (NR)

"b) ao segurado empregado doméstico, trabalhador avulso, contribuinte individual, especial e facultativo, a contar da data do início da incapacidade ou da data da entrada do requerimento, se entre essas datas decorrerem mais de trinta dias." (NR)

"§ 2º Durante os primeiros quinze dias de afastamento da atividade por motivo de invalidez, caberá à empresa pagar ao segurado empregado o salário." (NR)

"Art. 48. ...."

"§ 1º Os limites fixados no *caput* são reduzidos para sessenta e cinqüenta e cinco anos no caso de trabalhadores rurais, respectivamente homens e mulheres, referidos na alínea *a* do inciso I, na alínea *g* do inciso V e nos incisos VI e VII do art. 11." (NR)

".."

"Art. 60. O auxílio-doença será devido ao segurado empregado a contar do décimo sexto dia do afastamento da atividade, e, no caso dos demais segurados, a contar da data do início da incapacidade e enquanto ele permanecer incapaz." (NR)

".."

"§ 3º Durante os primeiros quinze dias consecutivos ao do afastamento da atividade por motivo de doença, incumbirá à empresa pagar ao segurado empregado o seu salário integral." (NR)

".."

"Art. 67. O pagamento do salário-família é condicionado à apresentação da certidão de nascimento do filho ou da documentação relativa ao equiparado ou ao inválido, e à apresentação anual de atestado de vacinação obrigatória e de comprovação de freqüência à escola do filho ou equiparado, nos termos do regulamento." (NR)

"Art. 71. O salário-maternidade é devido à segurada da Previdência Social, durante cento e vinte dias, com início no período entre vinte e oito dias antes do parto e a data de ocorrência deste, observadas as situações e condições previstas na legislação no que concerne à proteção à maternidade, sendo pago diretamente pela Previdência Social." (NR)

"Art. 72. O salário-maternidade para a segurada empregada ou trabalhadora avulsa consistirá numa renda mensal igual a sua remuneração integral." (NR)

"Art. 73. Assegurado o valor de um salário mínimo, o salário-maternidade para as demais seguradas consistirá:" (NR)

"I - em um valor correspondente ao do seu último salário-de-contribuição, para a segurada empregada doméstica;

II - em um doze avos do valor sobre o qual incidiu sua última contribuição anual, para a segurada especial;

III - em um doze avos da soma dos doze últimos salários-de-contribuição, apurados em um período não superior a quinze meses, para as demais seguradas."

Art. 3º Para o segurado filiado à Previdência Social até o dia anterior à data de publicação desta Lei, que vier a cumprir as condições exigidas para a concessão dos benefícios do Regime Geral de Previdência Social, no cálculo do salário-de-benefício será considerada a média aritmética simples dos maiores salários-de-contribuição, correspondentes a, no mínimo, oitenta por cento de todo o período contributivo decorrido desde a competência julho de 1994, observado o disposto nos incisos I e II do *caput* do art. 29 da Lei n. 8.213, de 1991, com a redação dada por esta Lei.

§ 1º Quando se tratar de segurado especial, no cálculo do salário-de-benefício serão considerados um treze avos da média aritmética simples dos maiores valores sobre os quais incidiu a sua contribuição anual, correspondentes a, no mínimo, oitenta por cento de todo o período contributivo decorrido desde a competência julho de 1994, observado o disposto nos incisos I e II do § 6º do art. 29 da Lei n. 8.213, de 1991, com a redação dada por esta Lei.

§ 2º No caso das aposentadorias de que tratam as alíneas *b*, *c* e *d* do inciso I do art. 18, o divisor considerado no cálculo da média a que se refere o *caput* e o § 1º não poderá ser inferior a sessenta por cento do período decorrido da competência julho de 1994 até a data de início do benefício, limitado a cem por cento de todo o período contributivo.

Art. 4º Considera-se salário-de-contribuição, para os segurados contribuinte individual e facultativo filiados ao Regime Geral de Previdência Social até o dia anterior à data de publicação desta Lei, o salário-base, determinado conforme o art. 29 da Lei n. 8.212, de 1991, com a redação vigente naquela data.

§ 1º O número mínimo de meses de permanência em cada classe da escala de salários-base de que trata o art. 29 da Lei n. 8.212, de 1991, com a redação anterior à data de publicação desta Lei, será reduzido, gradativamente, em doze meses a cada ano, até a extinção da referida escala.

§ 2º Havendo a extinção de uma determinada classe em face do disposto no § 1º, a classe subseqüente será considerada como classe inicial, cujo salário-base variará entre o valor correspondente ao da classe extinta e o da nova classe inicial.

§ 3º Após a extinção da escala de salários-base de que trata o § 1º, entender-se-á por salário-de-contribuição, para os segurados contribuinte individual e facultativo, o disposto nos incisos III e IV do art. 28 da Lei n. 8.212, de 1991, com a redação dada por esta Lei.

Art. 5º Para a obtenção do salário-de-benefício, o fator previdenciário de que trata o art. 29 da Lei n. 8.213, de 1991, com redação desta Lei, será aplicado de forma progressiva, incidindo sobre um sessenta avos da média aritmética de que trata o art. 3º desta Lei, por mês que se seguir a sua publicação, cumulativa e sucessivamente, até completar sessenta avos da referida média. *(Retificado pelo Senado Federal, Mensagem n. 329-A, de 30.11.99)*

Art. 6º É garantido ao segurado que até o dia anterior à data de publicação desta Lei tenha cumprido os requisitos para a concessão de benefício o cálculo segundo as regras até então vigentes.

Art. 7º É garantido ao segurado com direito a aposentadoria por idade a opção pela não aplicação do fator previdenciário a que se refere o art. 29 da Lei n. 8.213, de 1991, com a redação dada por esta Lei.

Art. 8º Esta Lei entra em vigor na data de sua publicação, produzindo efeitos, quanto à majoração de contribuição e ao disposto no § 4º do art. 30 da Lei n. 8.212, de 1991, com a redação dada por esta Lei, a partir do dia primeiro do mês seguinte ao nonagésimo dia daquela publicação, sendo mantida, até essa data, a obrigatoriedade dos recolhimentos praticados na forma da legislação anterior.

Art. 9º Revogam-se a Lei Complementar n. 84, de 18 de janeiro de 1996, os incisos III e IV do art. 12 e o art. 29 da Lei n. 8.212, de 24 de julho de 1991, os incisos III e IV do art. 11, o § 1º do art. 29 e o parágrafo único do art. 113 da Lei n. 8.213, de 24 de julho de 1991.

Brasília, 26 de novembro de 1999; 178º da Independência e 111º da República.

FERNANDO HENRIQUE CARDOSO
Waldeck Ornelas

Anexo

CÁLCULO DO FATOR PREVIDENCIÁRIO

$$f = \frac{Tc \times a}{Es} \times \left[1 + \frac{(Id + Tc \times a)}{100}\right]$$

Onde:

f = fator previdenciário;

Es = expectativa de sobrevida no momento da aposentadoria;

Tc = tempo de contribuição até o momento da aposentadoria;

Id = idade no momento da aposentadoria;

a= alíquota de contribuição correspondente a 0,31.

DECRETO N. 3.265, DE 29 DE NOVEMBRO DE 1999

Altera o Regulamento da Previdência Social, aprovado pelo Decreto n. 3.048, de 6 de maio de 1999, e dá outras providências.

O PRESIDENTE DA REPÚBLICA, no uso da atribuição que lhe confere o art. 84, inciso IV, da Constituição Federal, e de acordo com a Lei n. 9.876, de 26 de novembro de 1999,

DECRETA:

Art. 1º O Regulamento da Previdência Social, aprovado pelo Decreto n. 3.048, de 6 de maio de 1999, passa a vigorar com as seguintes alterações:

"Art. 9º ....

I - ....

....

q) o empregado de organismo oficial internacional ou estrangeiro em funcionamento no Brasil, salvo quando coberto por regime próprio de previdência social;

....

V - como contribuinte individual:

a) a pessoa física, proprietária ou não, que explora atividade agropecuária ou pesqueira, em caráter permanente ou temporário, diretamente ou por intermédio de prepostos e com auxílio de empregados, utilizados a qualquer título, ainda que de forma não contínua;

b) a pessoa física, proprietária ou não, que explora atividade de extração mineral — garimpo —, em caráter permanente ou temporário, diretamente ou por intermédio de prepostos, com ou sem o auxílio de empregados, utilizados a qualquer título, ainda que de forma não contínua;

c) o ministro de confissão religiosa e o membro de instituto de vida consagrada, de congregação ou de ordem religiosa, quando mantidos pela entidade a que pertencem, salvo se filiados obrigatoriamente à Previdência Social em razão de outra atividade ou a outro regime previdenciário, militar ou civil, ainda que na condição de inativos;

d) o brasileiro civil que trabalha no exterior para organismo oficial internacional do qual o Brasil é membro efetivo, ainda que lá domiciliado e contratado, salvo quando coberto por regime próprio de previdência social;

e) o titular de firma individual urbana ou rural;

f) o diretor não empregado e o membro de conselho de administração na sociedade anônima;

g) todos os sócios, nas sociedades em nome coletivo e de capital e indústria;

h) o sócio-gerente e o sócio cotista que recebam remuneração decorrente de seu trabalho na sociedade por cotas de responsabilidade limitada, urbana ou rural;

i) o associado eleito para cargo de direção em cooperativa, associação ou entidade de qualquer natureza ou finalidade, bem como o síndico ou administrador eleito para exercer atividade de direção condominial, desde que recebam remuneração;

j) quem presta serviço de natureza urbana ou rural, em caráter eventual, a uma ou mais empresas, sem relação de emprego;

l) a pessoa física que exerce, por conta própria, atividade econômica de natureza urbana, com fins lucrativos ou não;

m) o aposentado de qualquer regime previdenciário nomeado magistrado classista temporário da Justiça do Trabalho, na forma dos incisos II do § 1º do art. 111 ou III do art. 115 ou do parágrafo único do art. 116 da Constituição Federal, ou nomeado magistrado da Justiça Eleitoral, na forma dos incisos II do art. 119 ou III do § 1º do art. 120 da Constituição Federal;

....

§ 8º Não se considera segurado especial a que se refere o inciso VII do *caput* o membro do grupo familiar que possui outra fonte de rendimento decorrente do exercício de atividade remunerada, ressalvado o disposto no § 10, de arrendamento de imóvel rural ou de aposentadoria de qualquer regime.

....

§ 15. Enquadram-se nas situações previstas nas alíneas "j" e "l" do inciso V do *caput,* entre outros:

....

XIII - o bolsista da Fundação Habitacional do Exército contratado em conformidade com a Lei n. 6.855, de 18 de novembro de 1980; e

XIV - o árbitro e seus auxiliares que atuam em conformidade com a Lei n. 9.615, de 24 de março de 1998.

§ 16. Aplica-se o disposto na alínea *i* do inciso I do *caput* ao ocupante de cargo de Ministro de Estado, de Secretário Estadual, Distrital ou Municipal, sem vínculo efetivo com a União, Estados, Distrito Federal e Municípios, suas autarquias, ainda que em regime especial, e fundações.

"Art. 10. O servidor civil ocupante de cargo efetivo ou o militar da União, Estado, Distrito Federal ou Município, bem como o das respectivas autarquias e fundações, são excluídos do Regime Geral de Previdência Social consubstanciado neste Regulamento, desde que amparados por regime próprio de previdência social.

§ 1º Caso o servidor ou o militar, amparados por regime próprio de previdência social, sejam requisitados para outro órgão ou entidade cujo regime previdenciário não permita a filiação nessa condição, permanecerão vinculados ao regime de origem, obedecidas as regras que cada ente estabeleça acerca de sua contribuição.

§ 2º Caso o servidor ou o militar venham a exercer, concomitantemente, uma ou mais atividades abrangidas pelo Regime Geral de Previdência Social, tornar-se-ão segurados obrigatórios em relação a essas atividades.

§ 3º Entende-se por regime próprio de previdência social o que assegura pelo menos aposentadoria e pensão por morte." (NR)

"Art. 12. ....

....

Parágrafo único. Equiparam-se a empresa, para os efeitos deste Regulamento:

I - o contribuinte individual, em relação a segurado que lhe presta serviço;

...." (NR)

"Art. 13. ....

....

§ 4º Aplica-se o disposto no inciso II do *caput* e no § 1º ao segurado que se desvincular de regime próprio de previdência social." (NR)

"Art. 15. Para fins do disposto no artigo anterior, se o dia quinze recair no sábado, domingo ou feriado, inclusive o municipal, o pagamento das contribuições deverá ser efetuado no dia útil imediatamente posterior."(NR)

"Art. 17. ....

....

III - para o filho e o irmão, de qualquer condição, ao completarem vinte e um anos de idade, salvo se inválidos, ou pela emancipação, ainda que inválido, exceto, neste caso, se a emancipação for decorrente de colação de grau científico em curso de ensino superior; e

...." (NR)

"Art. 18. Considera-se inscrição de segurado para os efeitos da previdência social o ato pelo qual o segurado é cadastrado no Regime

Geral de Previdência Social, mediante comprovação dos dados pessoais e de outros elementos necessários e úteis a sua caracterização, observado o disposto no art. 330 e seu parágrafo único, na seguinte forma:

....

III - contribuinte individual — pela apresentação de documento que caracterize a sua condição ou o exercício de atividade profissional, liberal ou não;

IV - segurado especial — pela apresentação de documento que comprove o exercício de atividade rural; e

V - facultativo — pela apresentação de documento de identidade e declaração expressa de que não exerce atividade que o enquadre na categoria de segurado obrigatório.

§ 1º A inscrição do segurado de que trata o inciso I será efetuada diretamente na empresa, sindicato ou órgão gestor de mão-de-obra e a dos demais no Instituto Nacional do Seguro Social.

....

§ 4º A previdência social poderá emitir identificação específica para o segurado contribuinte individual, trabalhador avulso, especial e facultativo, para produzir efeitos exclusivamente perante ela, inclusive com a finalidade de provar a filiação.

§ 5º Presentes os pressupostos da filiação, admite-se a inscrição *post mortem* do segurado especial." (NR)

§ 6º A comprovação dos dados pessoais e de outros elementos necessários e úteis à caracterização do segurado poderá ser exigida quando da concessão do benefício." (NR)

"Art. 26. ....

....

§ 5º Observado o disposto no § 4º do art. 13, as contribuições vertidas para regime próprio de previdência social serão consideradas para todos os efeitos, inclusive para os de carência." (NR)

"Art. 27. Havendo perda da qualidade de segurado, as contribuições anteriores a essa perda somente serão computadas para efeito de carência depois que o segurado contar, a partir da nova filiação ao Regime Geral de Previdência Social, com, no mínimo, um terço do número de contribuições exigidas para o cumprimento da carência definida no art. 29.

Parágrafo único. Aplica-se o disposto no *caput* ao segurado oriundo de regime próprio de previdência social que se filiar ao Regime Geral de Previdência Social após os prazos a que se refere o inciso II do *caput* e o § 1º do art. 13." (NR)

"Art. 28. ....

....

II - para o segurado empregado doméstico, contribuinte individual, especial, este enquanto contribuinte individual na forma do disposto no § 2º do art. 200, e facultativo, da data do efetivo recolhimento da primeira contribuição sem atraso, não sendo consideradas para esse fim as contribuições recolhidas como referentes a competências anteriores, observado, quanto ao segurado facultativo, o disposto nos §§ 3º e 4º do art. 11.

...." (NR)

"Art. 29. ....

....

III - dez contribuições mensais, no caso de salário-maternidade para as seguradas contribuinte individual, especial e facultativa, respeitado o disposto no § 2º do art. 93 e no § 2º do art. 101.

Parágrafo único. Em caso de parto antecipado, o período de carência a que se refere o inciso III será reduzido em número de contribuições equivalente ao número de meses em que o parto foi antecipado." (NR)

"Art. 30. ....

....

II - salário-maternidade, para as seguradas empregada, empregada doméstica e trabalhadora avulsa;

...." (NR)

"Art. 32. O salário-de-benefício consiste:

I - para as aposentadorias por idade e por tempo de contribuição, na média aritmética simples dos maiores salários-de-contribuição correspondentes a oitenta por cento de todo o período contributivo, multiplicada pelo fator previdenciário;

II - para as aposentadorias por invalidez e especial, auxílio-doença e auxílio-acidente na média aritmética simples dos maiores salários-de-contribuição correspondentes a oitenta por cento de todo o período contributivo.

....

§ 2º Nos casos de auxílio-doença e de aposentadoria por invalidez, contando o segurado com menos de cento e quarenta e quatro contribuições mensais no período contributivo, o salário-de-benefício corresponderá à soma dos salários-de-contribuição dividido pelo número de contribuições apurado.

....

§ 9º No caso dos §§ 3º e 4º do art. 56, o valor inicial do benefício será calculado considerando-se como período básico de cálculo os meses de contribuição imediatamente anteriores ao mês em que o segurado completou o tempo de contribuição, trinta anos para a mulher e trinta e cinco anos para o homem, observado o disposto no § 2º do art. 35 e a legislação de regência.

§ 10. Para os segurados contribuinte individual e facultativo optantes pelo recolhimento trimestral na forma prevista no § 15 do art. 216, que tenham solicitado qualquer benefício previdenciário, o salário-de-benefício consistirá na média aritmética simples de todos os salários-de-contribuição integrantes da contribuição trimestral, desde que efetivamente recolhidos.

§ 11. O fator previdenciário será calculado considerando-se a idade, a expectativa de sobrevida e o tempo de contribuição do segurado ao se aposentar, mediante a fórmula:

$$f = \frac{Tc \times a}{Es} \times \left[1 + \frac{(Id + Tc \times a)}{100} \right]$$

onde:

f = fator previdenciário;

Es = expectativa de sobrevida no momento da aposentadoria;

Tc = tempo de contribuição até o momento da aposentadoria;

Id = idade no momento da aposentadoria; e

a = alíquota de contribuição correspondente a 0,31.

§ 12. Para efeito do disposto no parágrafo anterior, a expectativa de sobrevida do segurado na idade da aposentadoria será obtida a partir da tábua completa de mortalidade construída pela Fundação Instituto Brasileiro de Geografia e Estatística, para toda a população brasileira, considerando-se a média nacional única para ambos os sexos.

§ 13. Publicada a tábua de mortalidade, os benefícios previdenciários requeridos a partir dessa data considerarão a nova expectativa de sobrevida.

§ 14. Para efeito da aplicação do fator previdenciário ao tempo de contribuição do segurado serão adicionados:

I - cinco anos, quando se tratar de mulher; ou

II - cinco ou dez anos, quando se tratar, respectivamente, de professor ou professora, que comprovem exclusivamente tempo de efetivo exercício das funções de magistério na educação infantil e no ensino fundamental e médio.

§ 15. No cálculo do salário-de-benefício serão considerados os salário-de-contribuição vertidos para regime próprio de previdência social de segurado oriundo desse regime, após a sua filiação ao Regime Geral de Previdência Social, de acordo com o disposto no art. 214.

§ 16. Na hipótese do § 23 do art. 216, enquanto as contribuições não forem complementadas, o salário-de-contribuição será computado, para efeito de benefício, proporcionalmente à contribuição efetivamente recolhida.

§ 17. No caso do parágrafo anterior, não serão considerados como tempo de contribuição, para o fim de concessão de benefício previdenciário, enquanto as contribuições não forem complementadas, o período correspondente às competências em que se verificar recolhimento de contribuição sobre salário-de-contribuição menor que um salário mínimo." (NR)

"Art. 36. ....

....

§ 2º No caso de segurado empregado ou de trabalhador avulso que tenham cumprido todas as condições para a concessão do benefício pleiteado, mas não possam comprovar o valor dos seus salários-de-contribuição no período básico de cálculo, considerar-se-á para o cálculo do benefício, no período sem comprovação do valor do salário-de-contribuição, o valor do salário mínimo, devendo esta renda ser recalculada quando da apresentação de prova dos salários-de-contribuição.

...." (NR)

"Art. 44. ....

§ 1º ....

I - ao segurado empregado a contar do décimo sexto dia do afastamento da atividade ou a partir da data da entrada do requerimento, se entre o afastamento e a entrada do requerimento decorrerem mais de trinta dias; e

II - ao segurado empregado doméstico, contribuinte individual, trabalhador avulso, especial ou facultativo, a contar da data do início da incapacidade ou da data da entrada do requerimento, se entre essas datas decorrerem mais de trinta dias.

§ 2º Durante os primeiros quinze dias de afastamento consecutivos da atividade por motivo de invalidez, caberá à empresa pagar ao segurado empregado o salário.

...." (NR)

"Art. 51. A aposentadoria por idade, uma vez cumprida a carência exigida, será devida ao segurado que completar sessenta e cinco anos de idade, se homem, ou sessenta, se mulher, reduzidos esses limites para sessenta e cinqüenta e cinco anos de idade para os trabalhadores rurais, respectivamente homens e mulheres, referidos na alínea *a* do inciso I, na alínea *j* do inciso V e nos incisos VI e VII do *caput* do art. 9º, bem como para os segurados garimpeiros que trabalhem, comprovadamente, em regime de economia familiar, conforme definido no § 5º do art. 9º.

...." (NR)

"Art. 56. ....

....

§ 5º O segurado oriundo de regime próprio de previdência social que se filiar ao Regime Geral de Previdência Social a partir de 16 de dezembro de 1998 fará jus à aposentadoria por tempo de contribuição nos termos desta Subseção, não se lhe aplicando o disposto no art. 188." (NR)

....

"Art. 62. A prova de tempo de serviço, considerado tempo de contribuição na forma do art. 60, observadas, no que couber, as peculiaridades do segurado de que tratam as alíneas *j* e *l* do inciso V do *caput* do art. 9º e do art. 11, é feita mediante documentos que comprovem o exercício de atividade nos períodos a serem contados, devendo esses documentos ser contemporâneos dos fatos a comprovar e mencionar as datas de início e término e, quando se tratar de trabalhador avulso, a duração do trabalho e a condição em que foi prestado.

...." (NR)

"Art. 65. Considera-se tempo de trabalho, para efeito desta Subseção, os períodos correspondentes ao exercício de atividade permanente e habitual (não ocasional nem intermitente), durante toda a jornada de trabalho, em cada vínculo, sujeito a condições especiais que prejudiquem a saúde ou a integridade física, inclusive férias, licença médica e auxílio-doença decorrente do exercício dessas atividades." (NR)

"Art. 68. ....

....

§ 7º O Ministério da Previdência e Assistência Social baixará instruções definindo parâmetros com base na Norma Regulamentadora n. 6 (Equipamento de Proteção Individual), Norma Regulamentadora n. 7 (Programa de Controle Médico de Saúde Ocupacional), Norma Regulamentdora n. 9 (Programa de Prevenção de Riscos Ambientais) e na Norma Regulamentadora n. 15 (Atividades e Operações Insalubres), aprovadas pela Portaria/MTb n. 3.214, de 8 de junho de 1978, para fins de aceitação do laudo técnico de que tratam os §§ 2º e 3º." (NR)

"Art. 72. ....

I - a contar do décimo sexto dia do afastamento da atividade para o segurado empregado, exceto o doméstico;

...." (NR)

"Art. 75. Durante os primeiros quinze dias consecutivos de afastamento da atividade por motivo de doença, incumbe à empresa pagar ao segurado empregado o seu salário.

....

§ 4º Se o segurado empregado, por motivo de doença, afastar-se do trabalho durante quinze dias, retornando à atividade no décimo sexto dia, e se dela voltar a se afastar dentro de sessenta dias desse retorno, fará jus ao auxílio-doença a partir da data do novo afastamento." (NR)

"Art. 84. O pagamento do salário-família será devido a partir da data da apresentação da certidão de nascimento do filho ou da documentação relativa ao equiparado, estando condicionado à apresentação anual de atestado de vacinação obrigatória, até seis anos de idade, e de comprovação semestral de freqüência à escola do filho ou equiparado, a partir dos sete anos de idade.

§ 1º A empresa deverá conservar, durante dez anos, os comprovantes dos pagamentos e as cópias das certidões correspondentes, para exame pela fiscalização do Instituto Nacional do Seguro Social, conforme o disposto no § 7º do art. 225.

§ 2º Se o segurado não apresentar o atestado de vacinação obrigatória e a comprovação de freqüência escolar do filho ou equiparado, nas datas definidas pelo Instituto Nacional do Seguro Social, o benefício do salário-família será suspenso, até que a documentação seja apresentada.

§ 3º Não é devido salário-família no período entre a suspensão do benefício motivada pela falta de comprovação da freqüência escolar e o seu reativamento, salvo se provada a freqüência escolar regular no período.

§ 4º A comprovação de freqüência escolar será feita mediante apresentação de documento emitido pela escola, na forma de legislação própria, em nome do aluno, onde consta o registro de freqüência regular ou de atestado do estabelecimento de ensino, comprovando a regularidade da matrícula e freqüência escolar do aluno." (NR)

"Art. 93. O salário-maternidade é devido à segurada da previdência social, durante cento e vinte dias, com início vinte e oito dias antes e término noventa e um dias depois do parto, podendo ser prorrogado na forma prevista no § 3º, sendo pago diretamente pelo Instituto Nacional do Seguro Social ou na forma do art. 311.

....

§ 2º Será devido o salário-maternidade à segurada especial, desde que comprove o exercício de atividade rural nos últimos dez meses imediatamente anteriores ao requerimento do benefício, mesmo que de forma descontínua, aplicando-se, quando for o caso, o disposto no parágrafo único do art. 29.

§ 3º Em casos excepcionais, os períodos de repouso anterior e posterior ao parto podem ser aumentados de mais duas semanas, mediante atestado fornecido pelo Sistema Único de Saúde ou pelo serviço médico próprio da empresa ou por ela credenciado.

....

§ 5º Em caso de aborto não criminoso, comprovado mediante atestado médico fornecido pelo Sistema Único de Saúde ou pelo serviço médico próprio da empresa ou por ela credenciado, a segurada terá direito ao salário-maternidade correspondente a duas semanas.

...." (NR)

"Art. 94. O salário-maternidade para a segurada empregada consiste numa renda mensal igual à sua remuneração integral, devendo aplicar-se à renda mensal do benefício o disposto no art. 198." (NR)

"Art. 95. Compete aos órgãos pertencentes ao Sistema Único de Saúde ou ao serviço médico próprio da empresa ou por ela credenciado fornecer os atestados médicos necessários, inclusive para efeitos trabalhistas.

...." (NR)

"Art. 96. ....

§ 1º Quando a empresa dispuser de serviço médico próprio ou credenciado, o atestado deverá ser fornecido por aquele serviço médico.

...." (NR)

"Art. 101. O salário-maternidade, observado o disposto nos arts. 35 e 198 ou 199, consistirá:

I - em valor correspondente ao do seu último salário-de-contribuição, para a segurada empregada doméstica;

II - em um salário mínimo, para a segurada especial;

III - em um doze avos da soma dos doze últimos salários-de-contribuição, apurados em período não superior a quinze meses, para as seguradas contribuinte individual e facultativa." (NR)

"Art. 114. ....

....

II — para o pensionista menor de idade, ao completar vinte e um anos, salvo se for inválido, ou pela emancipação, ainda que inválido, exceto, neste caso, se a emancipação for decorrente de colação de grau científico em curso de ensino superior; ou

...." (NR)

"Art. 124. Caso o segurado contribuinte individual manifeste interesse em recolher contribuições relativas a período anterior à sua inscrição, a retroação da data do início das contribuições será autorizada, desde que comprovado o exercício de atividade remunerada no respectivo período, observado o disposto nos §§ 7º a 14 do art. 216 e no § 8º do art. 239.

...." (NR)

"Art. 143. ....

....

§ 4º No caso dos segurados empregado doméstico e contribuinte individual, após a homologação do processo, este deverá ser encaminhado ao setor competente de arrecadação para levantamento e cobrança do crédito." (NR)

"Art. 176. A apresentação de documentação incompleta não pode constituir motivo de recusa de requerimento de benefício, ficando a análise do processo, bem como o início da contagem do prazo de que trata o art. 174 na dependência do cumprimento de exigência." (NR)

"Art. 177. Na hipótese do artigo anterior, o benefício será indeferido, caso o segurado não cumpra a exigência no prazo de trinta dias." (NR)

"Art. 178. O pagamento mensal de benefícios sujeitar-se-á a expressa autorização do Chefe da Agência da Previdência Social, do Chefe da Divisão/Serviço de Benefício ou do Gerente-Executivo do Instituto Nacional do Seguro Social, de acordo com os valores a serem estabelecidos periodicamente pelo Ministério da Previdência e Assistência Social." (NR)

"Art. 181-A. Fica garantido ao segurado com direito à aposentadoria por idade a opção pela não aplicação do fator previdenciário, devendo o Instituto Nacional do Seguro Social, quando da concessão do benefício, proceder ao cálculo da renda mensal inicial com e sem o fator previdenciário." (NR)

"Art. 181-B. As aposentadorias por idade, tempo de contribuição e especial concedidas pela previdência social, na forma deste Regulamento, são irreversíveis e irrenunciáveis." (NR)

"Art. 183. O trabalhador rural ora enquadrado como segurado obrigatório do Regime Geral de Previdência Social, na forma da alínea *a* do inciso I, ou nas alíneas *j* e *l* do inciso V ou do inciso VII do *caput* do art. 9º, pode requerer a aposentadoria por idade, no valor de um salário mínimo, durante quinze anos a partir de 25 de julho de 1991, desde que comprove o exercício de atividade rural, ainda que de forma descontínua, no período imediatamente anterior ao requerimento do benefício, em número de meses idêntico à carência do referido benefício." (NR)

"Art. 188-A. Para o segurado filiado à previdência social até 28 de novembro de 1999, inclusive o oriundo de regime próprio de previdência social, que vier a cumprir as condições exigidas para a concessão dos benefícios do Regime Geral de Previdência Social, no cálculo do salário-de-benefício será considerada a média aritmética simples dos maiores salários-de-contribuição, correspondentes a, no mínimo, oitenta por cento de todo o período contributivo decorrido desde a competência julho de 1994, observado o disposto nos incisos I e II do *caput* e § 14 do art. 32.

§ 1º No caso das aposentadorias por idade, tempo de contribuição e especial, o divisor considerado no cálculo da média a que se refere o *caput* não poderá ser inferior a sessenta por cento do período decorrido da competência julho de 1994 até a data de início do benefício, limitado a cem por cento de todo o período contributivo.

§ 2º Para a obtenção do salário-de-benefício, o fator previdenciário de que trata o art. 32 será aplicado de forma progressiva, incidindo sobre um sessenta avos da média aritmética de que trata o *caput*, por competência que se seguir a 28 de novembro de 1999, cumulativa e sucessivamente, até completar sessenta avos da referida média, na competência novembro de 2004.

§ 3º Nos casos de auxílio-doença e de aposentadoria por invalidez, contando o segurado com salários-de-contribuição em número inferior a sessenta por cento do número de meses decorridos desde a competência julho de 1994 até a data do início do benefício, o salário-de-benefício corresponderá à soma dos salários-de-contribuição dividido pelo número de contribuições mensais apurado." (NR)

"Art. 188-B. Fica garantido ao segurado que, até o dia 28 de novembro de 1999, tenha cumprido os requisitos para a concessão de benefício, o cálculo do valor inicial segundo as regras até então vigentes, considerando-se como período básico de cálculo os trinta e seis meses imediatamente anteriores àquela data, observado o § 2º do art. 35, e assegurada a opção pelo cálculo na forma do art. 188-A, se mais vantajoso." (NR)

"Art. 188-C. Fica garantido o pagamento do salário-maternidade pela empresa à segurada empregada, cujo início do afastamento do trabalho tenha ocorrido até o dia 28 de novembro de 1999, nos termos do art. 96." (NR)

"Art. 188-D. As seguradas contribuinte individual e facultativa que atendam ao disposto no inciso III do art. 29, e cujo parto tenha ocorrido até o dia 28 de novembro de 1999, farão jus ao salário-maternidade proporcionalmente aos dias que faltarem para completar cento e vinte dias de afastamento, observado o disposto no inciso III do art. 101." (NR)

"Seção II

Da Contribuição dos Segurados Contribuinte Individual e Facultativo

Art. 199. A alíquota de contribuição dos segurados contribuinte individual e facultativo é de vinte por cento aplicada sobre o respectivo salário-de-contribuição, observado os limites a que se referem os §§ 3º e 5º do art. 214." (NR)

"Art. 201. ....

I - vinte por cento sobre o total das remunerações pagas, devidas ou creditadas, a qualquer título, no decorrer do mês, aos segurados empregado e trabalhador avulso, além das contribuições previstas nos arts. 202 e 204;

II - vinte por cento sobre o total das remunerações ou retribuições pagas ou creditadas no decorrer do mês ao segurado contribuinte individual;

III - quinze por cento sobre o valor bruto da nota fiscal ou fatura de prestação de serviços, relativamente a serviços que lhes são prestados por cooperados por intermédio de cooperativas de trabalho, observado, no que couber, as disposições dos §§ 7º e 8º do art. 219;

....

§ 3º No caso de empresa desobrigada de apresentação de escrituração contábil, na forma do § 16 do art. 225, e não havendo comprovação dos valores pagos ou creditados aos segurados de que tratam as alíneas *e* a *i* do inciso V do art. 9º, a contribuição mínima da empresa referente a esses segurados será de vinte por cento sobre o respectivo salário-de-contribuição, salvo se não houver salário-de-contribuição em razão do disposto no § 5º do art. 215, hipótese em que este será estimado em valor equivalente à maior remuneração paga a empregados da empresa.

§ 4º A remuneração paga ou creditada a transportador autônomo, a que se referem os incisos I e II do § 15 do art. 9º, pelo frete, carreto ou transporte de passageiros realizado por conta própria corresponderá ao valor resultante da aplicação de um dos percentuais estabelecidos pelo Ministério da Previdência e Assistência Social sobre o valor bruto do frete, carreto ou transporte de passageiros, para determinação do valor mínimo da remuneração.

§ 5º No caso de sociedade civil de prestação de serviços profissionais relativos ao exercício de profissões legalmente regulamentadas, a contribuição da empresa referente aos segurados a que se referem as alíneas *g* a *i* do inciso V do art. 9º, observado o disposto no art. 225 e legislação específica, será de vinte por cento sobre:

....

§ 6º No caso de banco comercial, banco de investimento, banco de desenvolvimento, caixa econômica, sociedade de crédito, financiamento e investimento, sociedade de crédito imobiliário, inclusive associação de poupança e empréstimo, sociedade corretora, distribuidora de títulos e valores mobiliários, inclusive bolsa de mercadorias e de valores, empresa de arrendamento mercantil, cooperativa de crédito, empresa de seguros privados e de capitalização, agente autônomo de seguros privados e de crédito e entidade de previdência privada, aberta e fechada, além das contribuições referidas nos incisos I e II do *caput* e nos arts. 202 e 204, é devida a contribuição adicional de dois vírgula cinco por cento sobre a base de cálculo definida nos incisos I e II do *caput*.

....

§ 8º A contribuição será sempre calculada na forma do inciso II do *caput* quando a remuneração ou retribuição for paga ou creditada a pessoa física, quando ausentes os requisitos que caracterizem o segurado como empregado, mesmo que não esteja inscrita no Regime Geral de Previdência Social.

....

§ 19. A cooperativa de trabalho não está sujeita à contribuição de que trata o inciso II, em relação às importâncias por ela pagas, distribuídas ou creditadas aos respectivos cooperados, a título de remuneração ou retribuição pelos serviços que, por seu intermédio, tenham prestado a empresas." (NR)

"Art. 213. ....

....

Parágrafo único. As companhias seguradoras que mantêm seguro obrigatório de danos pessoais causados por veículos automotores de vias terrestres, de que trata a Lei n. 6.194, de 19 de dezembro de 1974, deverão repassar à seguridade social cinqüenta por cento do valor total do prêmio recolhido, destinados ao Sistema Único de Saúde, para custeio da assistência médico-hospitalar dos segurados vitimados em acidentes de trânsito." (NR)

"Art. 214. ....

....

III - para o contribuinte individual: a remuneração auferida em uma ou mais empresas ou pelo exercício de sua atividade por conta própria, durante o mês, observados os limites a que se referem os §§ 3º e 5º;

....

VI - para o segurado facultativo: o valor por ele declarado, observados os limites a que se referem os §§ 3º e 5º;

....

§ 3º O limite mínimo do salário-de-contribuição corresponde:

I - para os segurados contribuinte individual e facultativo, ao salário mínimo; e

II - para os segurados empregado, inclusive o doméstico, e trabalhador avulso, ao piso salarial legal ou normativo da categoria ou, inexistindo este, ao salário mínimo, tomado no seu valor mensal, diário ou horário, conforme o ajustado e o tempo de trabalho efetivo durante o mês.

....

§ 9º ....

....

V - ....

j) ganhos eventuais e abonos expressamente desvinculados do salário por força de lei;

....

XVIII - o ressarcimento de despesas pelo uso de veículo do empregado, quando devidamente comprovadas;

....

XXIII - o reembolso creche pago em conformidade com a legislação trabalhista, observado o limite máximo de seis anos de idade da criança, quando devidamente comprovadas as despesas;

XXIV - o reembolso babá, limitado ao menor salário-de-contribuição mensal e condicionado à comprovação do registro na Carteira de Trabalho e Previdência Social da empregada, do pagamento da remuneração e do recolhimento da contribuição previdenciária, pago em conformidade com a legislação trabalhista, observado o limite máximo de seis anos de idade da criança; e

XXV - o valor das contribuições efetivamente pago pela pessoa jurídica relativo a prêmio de seguro de vida em grupo, desde que previsto em acordo ou convenção coletiva de trabalho e disponível à totalidade de seus empregados e dirigentes, observados, no que couber, os arts. 9º e 468 da Consolidação das Leis do Trabalho.

...." (NR)

"Art. 216. ....

I - ....

....

b) recolher o produto arrecadado na forma da alínea anterior e as contribuições a seu cargo incidentes sobre as remunerações pagas, devidas ou creditadas, a qualquer título, inclusive adiantamentos decorrentes de reajuste salarial, acordo ou convenção coletiva, aos segurados empregado, contribuinte individual e trabalhador avulso a seu serviço, e sobre o valor bruto da nota fiscal ou fatura de serviço, relativo a serviços que lhe tenha sido prestados por cooperados, por intermédio de cooperativas de trabalho, no dia dois do mês seguinte àquele a que se referirem as remunerações, bem como as importâncias retidas na forma do art. 219, no dia dois do mês seguinte àquele da emissão da nota fiscal ou fatura, prorrogando-se o vencimento para o dia útil subseqüente quando não houver expediente bancário no dia dois; e

....

II - os segurados contribuinte individual e facultativo estão obrigados a recolher sua contribuição, por iniciativa própria, até o dia quinze do mês seguinte àquele a que as contribuições se referirem, prorrogando-se o vencimento para o dia útil subseqüente quando não houver expediente bancário no dia quinze, facultada a opção prevista no § 15;

....

XI - a entidade sindical que remunera dirigente que mantém a qualidade de segurado contribuinte individual ou especial é obrigada a recolher a contribuição prevista no inciso II do *caput* do art. 201 na forma deste artigo; e

XII - a empresa que remunera contribuinte individual é obrigada a fornecer a este comprovante do recolhimento da contribuição incidente sobre a remuneração paga ou de sua inclusão em declaração para fins fiscais, observado o disposto no § 21.

....

§ 10. O disposto nos §§ 7º e 8º não se aplica aos casos de contribuições em atraso de segurado contribuinte individual a partir da competência abril de 1995, obedecendo-se, a partir de então, às disposições do *caput* e §§ 1º a 6º do art. 239.

....

§ 12. Somente será feito o reconhecimento da filiação nas situações referidas nos §§ 7º, 9º e 11 após o efetivo recolhimento das contribuições relativas ao período em que for comprovado o exercício da atividade remunerada.

§ 13. No caso de indenização relativa ao exercício de atividade remunerada para fins de contagem recíproca correspondente a período de filiação obrigatória ou não, na forma do inciso IV do art. 127, a base de incidência será a remuneração da data do requerimento sobre a qual incidem as contribuições para o regime próprio de previdência social a que estiver filiado o interessado, observados os limites a que se referem os §§ 3º e 5º do art. 214.

....

§ 15. É facultado aos segurados contribuinte individual e facultativo, cujos salários-de-contribuição sejam iguais ao valor de um salário mínimo, optarem pelo recolhimento trimestral das contribuições previdenciárias, com vencimento no dia quinze do mês seguinte ao de cada trimestre civil, prorrogando-se o vencimento para o dia útil subseqüente quando não houver expediente bancário no dia quinze.

§ 16. Aplica-se o disposto no parágrafo anterior ao empregador doméstico relativamente aos empregados a seu serviço, cujos salários-de-contribuição sejam iguais ao valor de um salário mínimo, ou inferiores nos casos de admissão, dispensa ou fração do salário em razão de gozo de benefício.

....

§ 20. Na hipótese de o contribuinte individual prestar serviço a uma ou mais empresas, poderá deduzir, da sua contribuição mensal, quarenta e cinco por cento da contribuição da empresa, efetivamente recolhida ou declarada, incidente sobre a remuneração que esta lhe tenha pago ou creditado, no respectivo mês, limitada a nove por cento do respectivo salário-de-contribuição.

§ 21. Para efeito de dedução, considera-se contribuição declarada a informação prestada na Guia de Recolhimento do Fundo de Garantia do Tempo de Serviço e Informações à Previdência Social ou declaração fornecida pela empresa ao segurado, onde conste, além de sua identificação completa, inclusive com o número no Cadastro Nacional de Pessoas Jurídicas, o nome e o número da inscrição do contribuinte individual, o valor da retribuição paga e o compromisso de que esse valor será incluído na citada Guia de Recolhimento do Fundo de Garantia do Tempo de Serviço e Informações à Previdência Social e efetuado o recolhimento da correspondente contribuição.

§ 22. Aplicam-se as disposições dos §§ 20 e 21, no que couber, ao cooperado que prestar serviço a empresa por intermédio de cooperativa de trabalho, cabendo a esta fornecer-lhe o comprovante das respectivas remunerações.

§ 23. O contribuinte individual que não comprovar a regularidade da dedução de que tratam os §§ 20 a 22 terá glosado o valor indevidamente deduzido, devendo complementar as contribuições com os acréscimos legais devidos.

§ 24. Na hipótese do § 9º, em que o período a indenizar referir-se a competências a partir de abril de 1995, tomar-se-á como base de incidência da indenização o valor do salário-de-contribuição correspondente ao mês anterior ao do requerimento.

§ 25. Relativamente aos que recebem salário variável, o recolhimento da contribuição decorrente de eventual diferença da gratificação natalina (13º salário) deverá ser efetuado juntamente com a competência dezembro do mesmo ano." (NR)

"Art. 219. ....

....

§ 9º Na impossibilidade de haver compensação integral na própria competência, o saldo remanescente poderá ser compensado nas competências subseqüentes ou ser objeto de restituição, não sujeitas ao disposto no § 3º do art. 247.

...." (NR)

"Art. 224-A. O disposto nesta Seção não se aplica à contratação de serviços por intermédio de cooperativa de trabalho." (NR)

"Art. 225. ....

....

§ 2º A entrega da Guia de Recolhimento do Fundo de Garantia do Tempo de Serviço e Informações à Previdência Social deverá ser efetuada na rede bancária, conforme estabelecido pelo Ministério da Previdência e Assistência Social, até o dia sete do mês seguinte àquele a que se referirem as informações.

....

§ 9º ....

....

II - agrupar os segurados por categoria, assim entendido: segurado empregado, trabalhador avulso, contribuinte individual;

....

§ 16. São desobrigadas de apresentação de escrituração contábil:

....

§ 21. Fica dispensado do cumprimento do disposto nos incisos V e VI do *caput* o contribuinte individual, em relação a segurado que lhe presta serviço." (NR)

"Art. 229. ....

....

§ 1º Os Auditores Fiscais da Previdência Social terão livre acesso a todas as dependências ou estabelecimentos da empresa, com vistas à verificação física dos segurados em serviço, para confronto com os registros e documentos da empresa, podendo requisitar e apreender livros, notas técnicas e demais documentos necessários ao perfeito desempenho de suas funções, caracterizando-se como embaraço à fiscalização qualquer dificuldade oposta à consecução do objetivo.

§ 2º Se o Auditor Fiscal da Previdência Social constatar que o segurado contratado como contribuinte individual, trabalhador avulso, ou sob qualquer outra denominação, preenche as condições referidas no inciso I do *caput* do art. 9º, deverá desconsiderar o vínculo pactuado e efetuar o enquadramento como segurado empregado.

...." (NR)

"Art. 239. ....

....

III - multa variável, de caráter irrelevável, nos seguintes percentuais, para fatos geradores ocorridos a partir de 28 de novembro de 1999:

a) ....

1. oito por cento, dentro do mês de vencimento da obrigação;

2. quatorze por cento, no mês seguinte; ou

3. vinte por cento, a partir do segundo mês seguinte ao do vencimento da obrigação;

b) ....

1. vinte e quatro por cento, até quinze dias do recebimento da notificação;

2. trinta por cento, após o décimo quinto dia do recebimento da notificação;

3. quarenta por cento, após apresentação de recurso desde que antecedido de defesa, sendo ambos tempestivos, até quinze dias da ciência da decisão do Conselho de Recursos da Previdência Social; ou

4. cinqüenta por cento, após o décimo quinto dia da ciência da decisão do Conselho de Recursos da Previdência Social, enquanto não inscrita em Dívida Ativa; e

c) ....

1. sessenta por cento, quando não tenha sido objeto de parcelamento;

2. setenta por cento, se houve parcelamento;

3. oitenta por cento, após o ajuizamento da execução fiscal, mesmo que o devedor ainda não tenha sido citado, se o crédito não foi objeto de parcelamento; ou

4. cem por cento, após o ajuizamento da execução fiscal, mesmo que o devedor ainda não tenha sido citado, se o crédito foi objeto de parcelamento.

§ 1º Os juros de mora previstos no inciso II não serão inferiores a um por cento ao mês, excetuado o disposto no § 8º.

....

§ 8º Sobre as contribuições devidas e apuradas com base no § 1º do art. 348 incidirão juros moratórios de zero vírgula cinco por cento ao mês, capitalizados anualmente, e multa de dez por cento.

....

§ 10. O disposto no § 8º não se aplica aos casos de contribuições em atraso a partir da competência abril de 1995, obedecendo-se, a partir de então, às disposições aplicadas às empresas em geral.

§ 11. Na hipótese de as contribuições terem sido declaradas no documento a que se refere o inciso IV do art. 225, ou quando se tratar de empregador doméstico ou de empresa ou segurado dispensados de apresentar o citado documento, a multa de mora a que se refere o *caput* e seus incisos será reduzida em cinqüenta por cento." (NR)

"Art. 255. A empresa será reembolsada pelo valor das cotas do salário-família pago aos segurados a seu serviço, de acordo com este Regulamento, mediante dedução do respectivo valor, no ato do recolhimento das contribuições devidas, na forma estabelecida pelo Instituto Nacional do Seguro Social.

...." (NR)

"Art. 257. ....

....

§ 6º É dispensada a indicação da finalidade no documento comprobatório de inexistência de débito, exceto:

....

§ 8º ....

....

IV - a transação imobiliária referida na alínea *b* do inciso I do *caput*, que envolva empresa que explore exclusivamente atividade de compra e venda de imóveis, locação, desmembramento ou loteamento de terrenos, incorporação imobiliária ou construção de imóveis destinados à venda, desde que o imóvel objeto da transação esteja contabilmente lançado no ativo circulante e não conste, nem tenha constado, do ativo permanente da empresa.

....

§ 15. A prova de inexistência de débito perante a previdência social será fornecida por certidão emitida por meio de sistema eletrônico, ficando a sua aceitação condicionada à verificação de sua autenticidade pela Internet, em endereço específico, ou junto à previdência social.

§ 16. Fica dispensada a guarda do documento comprobatório de inexistência de débito, prevista no § 5º, cuja autenticidade tenha sido comprovada pela Internet." (NR)

"Art. 258. ....

....

§ 2º Na licitação, na contratação com o poder público e no recebimento de benefícios ou incentivo fiscal ou creditício por ele concedido, em que não haja oneração de bem do patrimônio da empresa, não será exigida a garantia, prevista no inciso V, de dívida incluída em parcelamento.

...." (NR)

"Art. 262. ....

Parágrafo único. Nos casos previstos no art. 206 do Código Tributário Nacional, será expedida Certidão Positiva de Débito com Efeitos de Negativa — CPD-EN e, nos demais casos, Certidão Negativa de Débito — CND." (NR)

"LIVRO III

....

TÍTULO III

DAS DISPOSIÇÕES TRANSITÓRIAS RELATIVAS AO CUSTEIO DA SEGURIDADE SOCIAL

Art. 278-A. Para os segurados contribuinte individual e facultativo filiados ao Regime Geral de Previdência Social até o dia 28 de novembro de 1999, considera-se salário-de-contribuição o salário-base determinado conforme art. 215 deste Regulamento, na redação vigente até aquela data.

§ 1º Observado o disposto no *caput*, o número mínimo de meses de permanência em cada classe da escala de salários-base será reduzido, gradativamente, em doze meses a cada ano, até a extinção da referida escala.

§ 2º Havendo a extinção de uma determinada classe em face do disposto no parágrafo anterior, a classe subseqüente será considerada como classe inicial, cujo salário-base variará entre o valor correspondente ao da classe extinta e o da nova classe inicial, conforme a seguinte tabela:

NÚMERO MÍNIMO DE MESES DE PERMANÊNCIA

Classe	Salário-base	De12/1999 a 11/2000	De 12/2000 a 11/2001	De 12/2001 a 11/2002	De 12/2002 a 11/2003	A partir de 12/2003
1	136,00	—	—	—	—	—
2	251,06	—	—	—	—	—
3	376,60	12	—	—	—	—
4	502,13	12	—	—	—	—
5	627,66	24	12	—	—	—
6	753,13	36	24	12	—	—
7	878,72	36	24	12	—	—
8	1.004,26	48	36	24	12	—
9	1.129,79	48	36	24	12	—
10	1.255,32	—	—	—	—	—

§ 3º Após a extinção da escala de salários-base de que trata o § 1º, entender-se-á por salário-de-contribuição, para os segurados contribuinte individual e facultativo, o disposto nos incisos III e IV do art. 214." (NR)

"Art. 303. ....

....

§ 8º Não cabe avocatória para simples reexame de matéria de fato." (NR)

"Art. 311. ....

....

Parágrafo único. O convênio deverá dispor sobre o reembolso das despesas da empresa, do sindicato ou da entidade de aposentados devidamente legalizada, correspondente aos serviços previstos nos incisos II e III, ajustado por valor global conforme o número de empregados ou associados." (NR)

"Art. 348. ....

....

§ 1º Para comprovar o exercício de atividade remunerada, com vistas à concessão de benefícios, será exigido do contribuinte individual, a qualquer tempo, o recolhimento das correspondentes contribuições, observado o disposto nos §§ 7º a 14 do art. 216.

...." (NR)

"Art. 357. ....

Parágrafo único. Para efeito do disposto no *caput*, os servidores designados receberão, a título de indenização, o valor correspondente a um onze avos do valor mínimo do salário-de-contribuição do contribuinte individual, por deslocamento com pesquisa concluída." (NR)

"Art. 382. Os tratados, convenções e outros acordos internacionais de que Estado estrangeiro ou organismo internacional e o Brasil sejam partes, e que versem sobre matéria previdenciária, serão interpretados como lei especial." (NR)

Art. 2º Os Anexos II e IV do Regulamento da Previdência Social, aprovado pelo Decreto n. 3.048, de 1999, passam a vigorar na forma do Anexo a este Decreto.

Art. 3º Este Decreto entra em vigor na data de sua publicação, produzindo efeitos, quanto à majoração de contribuição e ao disposto no § 20 do art. 216, a partir da competência março de 2000.

Art. 4º Revogam-se a alínea *n* do inciso I, os incisos III e IV do *caput* do art. 9º, o § 1º do art. 32, o § 2º do art. 60, os §§ 1º e 2º do art. 94, os §§ 1º e 2º do art. 101, o § 2º do art. 128, o § 1º do art. 166, os §§ 9º a 14 do art. 201, o § 9º do art. 202, o inciso XX do § 9º do art. 214, o art. 215, o § 2º do art. 255, o § 2º do art. 305 e o § 5º do art. 336 do Regulamento da Previdência Social, aprovado pelo Decreto n. 3.048, de 6 de maio de 1999.

Brasília, 29 de novembro de 1999; 178º da Independência e 111º da República.

FERNANDO HENRIQUE CARDOSO

Waldeck Ornelas

ANEXO

"ANEXO II

....

LISTA B

....

TRANSTORNOS MENTAIS E DO COMPORTAMENTO RELACIONADOS COM O TRABALHO (Grupo V da CID—10)

DOENÇAS	AGENTES ETIOLÓGICOS OU FATORES DE RISCO DE NATUREZA OCUPACIONAL
....	....
III — Outros transtornos mentais decorrentes de lesão e disfunção cerebrais e de doença física (F06.-): transtorno cognitivo leve (F06.7)	....

....

...." (NR)

"ANEXO IV

CLASSIFICAÇÃO DOS AGENTES NOCIVOS

CÓDIGO AGENTE NOCIVO TEMPO DE

EXPOSIÇÃO

1.0.0

AGENTES QUÍMICOS

O que determina o direito ao benefício é a exposição do trabalhador ao agente nocivo presente no ambiente de trabalho e no processo produtivo, em nível de concentração superior aos limites de tolerância estabelecidos.

O rol de agentes nocivos é exaustivo, enquanto que as atividades listadas, nas quais pode haver a exposição, é exemplificativa.

....

...." (NR)

OBRAS DO AUTOR

"O Empresário e a Previdência Social", LTr Edit., 1978.

"Rubricas Integrantes e Não-integrantes do Salário-de-Contribuição", LTr Edit., 1978.

"Benefícios Previdenciários do Trabalhador Rural", LTr Edit., 1984.

"O Contribuinte em Dobro e a Previdência Social", LTr Edit., 1984.

"O Trabalhador Rural e a Previdência Social", 2ª ed., LTr Edit., 1986.

"Legislação da Previdência Social Rural", 2ª ed., LTr Edit., 1986.

"O Salário-Base na Previdência Social", LTr Edit., 1986.

"Legislação da Previdência Social", 5ª ed., LTr Edit., 1988.

"Seguro-Desemprego", 2ª ed., LTr Edit., 1991.

"A Seguridade Social na Constituição Federal", 2ª ed., LTr Edit., 1992.

"Subsídios para um Modelo de Previdência Social", LTr Edit., 1992.

"O Salário-de-Contribuição na Lei Básica da Previdência Social", LTr Edit., 1993.

"Princípios de Direito Previdenciário", 3ª ed., LTr Edit., 1995.

"Obrigações Previdenciárias na Construção Civil", LTr Edit., 1996.

"Propostas de Mudanças na Seguridade Social", LTr Edit., 1996.

"Primeiras Lições de Previdência Complementar", LTr Edit., 1996.

"Legislação da Seguridade Social", 7ª ed., LTr Edit., 1996.

"Novas Contribuições na Seguridade Social", LTr Edit., 1997.

"Direito dos Idosos", LTr Edit., 1997.

"Comentários à Lei Básica da Previdência Social", 3ª ed., Tomo I, LTr Edit., 1998.

"Comentários à Lei Básica da Previdência Social", 5ª ed., Tomo II, LTr Edit., 2001.

"Curso de Direito Previdenciário", 2ª ed., Tomo I, LTr Edit., 2001.

"Curso de Direito Previdenciário", Tomo II, LTr Edit., 1998.

"Curso de Direito Previdenciário", Tomo III, LTr Edit., 1998.

"Lei Básica da Previdência Social", 5ª ed., LTr Edit., 1998.

"O Salário-Base dos Contribuintes Individuais", LTr Edit., 1999.

"Reforma da Previdência Social", LTr Edit., 1999.

"Estatuto dos Servidores Públicos Civis da União", 2ª ed., LTr Edit., 2000.

"Direito Adquirido na Previdência Social", LTr Edit., 2000.

"Obrigações Previdenciárias do Contribuinte Individual", LTr Edit., 2000.

"Pareceres Selecionados de Previdência Complementar", LTr Edit., 2000.

"Os crimes previdenciários no Código Penal", LTr Edit., 2000.

"Aposentadoria Especial em 420 Perguntas e Respostas", 2ª ed., LTr Edit., 2001.

"Aposentadoria Especial", 3ª ed., LTr Edit., 2001.

"Prova de Tempo de Serviço", 2ª ed., LTr Edit., 2001.

em co-autoria

"Noções Atuais de Direito do Trabalho", LTr Edit., 1995.

"Contribuições Sociais — Questões polêmicas", Edit. Dialética, 1995.

"Contribuições Sociais — Questões Atuais", Edit. Dialética, 1996.

"Manual dos Direitos do Trabalhador", 3ª ed., Ed. do Autor, 1996.

"Processo Administrativo Fiscal", Edit. Dialética, 2º vol., 1997.

"Legislação da Previdência Social", Rede Brasil, 1997.

"Processo Administrativo Fiscal", Edit. Dialética, 3º vol., 1998.

"Temas Atuais de Previdência Social" — Homenagem a Celso Barroso Leite, LTr Edit., 1998.

"Estudos de Direito" — Homenagem a Washington L. da Trindade, LTr Edit., 1998.

"Introdução ao Direito Previdenciário", Edit. LTr — ANNPREV, 1998.

"Dez Anos de Constituição", Celso Bastos Edit., 1998.

"Contribuição Previdenciária", Edit. Dialética, 1999.